दिल्ली को
पूर्ण राज्य का दर्जा?

दिल्ली को पूर्ण राज्य का दर्जा?

एस.के. शर्मा
(पूर्व सचिव, लोकसभा एवं दिल्ली विधानसभा)

महाराजा अग्रसेन विश्वविद्यालय, सोलन (हि.प्र.)

प्रकाशक • **प्रभात प्रकाशन प्रा. लि.**
4/19 आसफ अली रोड,
नई दिल्ली–110002

संस्करण • 2025
मूल्य • तीन सौ पचास रुपए
मुद्रक • सीता फाईन आर्ट, प्रा॰ लि॰, दिल्ली

DELHI KO POORNA RAJYA KA DARZA?
by Shri S.K. Sharma ₹ 350.00
Published by Prabhat Prakashan Pvt. Ltd., 4/19 Asaf Ali Road, New Delhi-2
e-mail: prabhatbooks@gmail.com ISBN 978-93-5322-905-4

MAHARAJA AGRASEN TECHNICAL EDUCATION SOCIETY
Registration No. (S. 33205 of 1998)

डॉ. नंद किशोर गर्ग
संस्थापक और मुख्य सलाहकार—एम.ए.टी.ई.एस., नई दिल्ली
कुलाधिपति—महाराजा अग्रसेन विश्वविद्यालय (हि.प्र.)

प्राक्कथन

बहुत लंबे समय से राजनीतिक हलके में केंद्र शासित प्रदेश दिल्ली को पूर्ण राज्य बनाने की माँग को नियमित अंतराल पर उठाया जाता रहा है। वर्तमान में दिल्ली सरकार में सत्तासीन दल ने हाल ही मैं संपन्न लोकसभा चुनाव 2019 में वास्तव में 'दिल्ली को पूर्ण राज्य का दर्जा' मुद्दे पर ही चुनाव लड़ा था; हालाँकि नजीतों ने यह बता दिया कि 'दिल्ली को पूर्ण राज्य का दर्जा' के मुद्दे पर दिल्ली के मतदाता एक मत नहीं हैं, जैसा कि उक्त पार्टी को आशा थी। लोकसभा में एक भी सीट जीतने में सफल नहीं होना इसका स्पष्ट उदाहरण है। इसलिए सहजता से यह निष्कर्ष निकाला जा सकता है कि दिल्ली के लोग मोटे तौर पर 'दिल्ली को पूर्ण राज्य का दर्जा' दिए जाने के पक्ष में नहीं हैं। ऐसा लगता है कि वे केंद्र सरकार द्वारा सीधे प्रशासित प्रदेश दिल्ली की मौजूदा व्यवस्था के पक्ष में हैं, न कि एक पूर्ण राज्य के।

तथापि 'दिल्ली के लिए पूर्ण राज्य का दर्जा' समकालीन प्रासंगिकता के साथ-साथ काफी दिलचस्पी का विषय बना हुआ है। हाल ही मैं जम्मू और कश्मीर राज्य को दो अलग केंद्र शासित प्रदेशों में विभाजित किए जाने के परिप्रेक्ष्य में इसे पहले की अपेक्षा अधिक दिलचस्पी से देखा जा सकता है। इसलिए महाराजा अग्रसेन विश्वविद्यालय, हिमाचल प्रदेश ने इस विषय का गहन अध्ययन और शोध करने के लिए इसे चयन करने का निर्णय लिया। हमने काफी सोच-विचार कर निर्णय लिया कि इस कार्य को श्री एस.के. शर्मा को सौंपा जाए, जिनके पास राष्ट्रीय राजधानी में स्थित दोनों विधान मंडलों, संसद् और दिल्ली विधानसभा में कार्य करने की पृष्ठभूमि और अनुभव है।

मुझे प्रसन्नता है कि वर्तमान अध्ययन में इस विषय के ऐतिहासिक परिप्रेक्ष्य को शामिल किया गया है और कई तथ्यों तथा उद्धरणों को उजाकर किया गया है, जो अभी तक बड़े पैमाने पर लोगों को मालूम नहीं थे। कुछ मामलों में लेखक ने कड़ी मेहनत कर भारत के राष्ट्रीय अभिलेखागार के भँवरजाल से प्राप्त किए गए कुछ दुर्लभ और मूल दस्तावेजों को संदर्भित करते हुए अपने बयानों और विश्लेषणों को अभिपूरित और पुष्टि की है। इस अध्ययन में उन तर्कों के विपरीत एक अध्याय सूची भी शामिल है, जो पूर्ण राज्य के पक्ष और विपक्ष में हो सकते हैं। लेखक ने इसे पाठक की बुद्धि और विवेक पर छोड़ दिया है, वे इससे संभावित लाभ और हानि पर पहुँचने के लिए स्वयं ही गुणा-भाग करें, जो दिल्लीवासियों को दिल्ली के एक पूर्ण राज्य बनाए जाने पर हो सकती है।

विषय-वस्तु की सामयिकता जो भी हो, मुझे यकीन है कि पुस्तक बहुत ही सूचनाप्रद, उपयोगी और सभी प्रकार के पाठकों द्वारा न केवल दिल्ली में, बल्कि पूरे देश में, और हो सकता है कि दुनिया भर में भी पढ़ी एवं संदर्भित की जाए।

श्री शर्मा को उनके वर्तमान और भविष्य के प्रयासों के लिए शुभकामनाएँ।

18.11.2019

(डॉ. नंद किशोर गर्ग)

प्रस्तावना

मार्च 2019 के महीने में दिल्ली की राजनीति के संबंध में एक अनौपचारिक एकांतिक वार्ता के दौरान डॉ. नंद किशोर गर्ग, पूर्व विधायक और वर्तमान में महाराजा अग्रसेन विश्वविद्यालय के कुलपति ने सुझाव दिया कि लेखक के रूप में मेरी अगली पुस्तक की विषय-वस्तु होनी चाहिए—'दिल्ली को पूर्ण राज्य का दर्जा?' उन्होंने एक आकर्षक ऑफर दिया कि विश्वविद्यालय को इस प्रस्तावित अध्ययन के मुद्रण और प्रकाशन की समस्त लागत का वित्तपोषण करने में खुशी होगी। उन्होंने इस शोध कार्य को करने के लिए आवश्यक कार्यालय स्थल, माहौल और संभार-तंत्र आदि प्रदान करने की भी इच्छा जाहिर की, किंतु उन्होंने यह शर्त भी जोड़ दी कि प्रस्तावित परियोजना यथाशीघ्र पूरी हो और इसकी रिपोर्ट प्रकाशित की जाए तथा जहाँ तक संभव हो, छह महीने की समय सीमा में। मैंने डॉ. गर्ग से वादा किया कि मैं वृहत् परिप्रेक्ष्य और सम्यक् तत्परता के साथ इस प्रस्तावित अध्ययन की रूपरेखा और आयाम तैयार करने के बाद पुन: उनके पास शीघ्र लौटूँगा।

इस साहसिक कार्य के बारे में सोचते हुए मुझे अचानक स्मरण हुआ कि कुछ समय पूर्व मेरे एक मित्र, जो एक वरिष्ठ सामाजिक और राजनीतिक कार्यकर्ता हैं, ने संसदीय पुस्तकालय, जिसका मैं कभी मुखिया हुआ करता था, से उसी विषय पर कुछ संसदीय डिबेट अथवा संदर्भ की जानकारी हेतु मुझसे संपर्क किया था। जब लेखक ने इस संदर्भ में उससे संपर्क किया तो उनकी प्रतिक्रिया अत्यंत सकारात्मक और प्रोत्साहन भरी थी। सच तो यह है कि वे महोदय अगले ही दिन हजारों पन्नोंवाले वाद-विवादों, प्रतिवेदनों व अन्य सामग्री

आदि का बड़ा ढेर अपनी फॉर्च्युनर कार की डिक्की में भरकर मेरे आवास पर आ धमके। कार की डिक्की से सामग्री को निकालते हुए मैं खुशी से बुदबुदाया कि 'पुस्तक ने जन्म ले लिया है।'

संविधान सभा के संगत वाद-विवादों को एक से अधिक बार पढ़ने के उपरांत मैं बेबाकी से कह सकता हूँ कि संविधान निर्माताओं में लगभग समान मत था कि दिल्ली राष्ट्रीय राजधानी बनी रहनी चाहिए और इस नाते यह अलग प्रांत न होकर संघ सरकार के प्रभावी नियंत्रण में ही रहनी चाहिए, जैसा कि अन्य संघीय देश—यथा अमेरिका, कनाडा, ऑस्ट्रेलिया आदि में है। उन देशों में केवल संघीय विधान मंडल (अर्थात् संसद्) के पास ही संघ सरकार के मुख्यालय के संबंध में एकमात्र कानून बनाने का अधिकार है, अन्य किसी संस्था को नहीं। संविधान सभा में सदस्यों के भाषणों के अंश, जिन्हें संगत अध्यायों में दुहराया गया है, इसकी पुष्टि करेंगे। इसके अलावा, संविधान सभा के सलाहकार (डॉ. बी.एन. राव) और उनकी टीम द्वारा हमारे संविधान निर्माताओं को सूचनाएँ मुहैया करा दी गई थीं कि विश्व में ऐसा एक भी कोई संघीय देश नहीं है, जिसका अपनी राजधानी के संबंध में विशिष्ट नियंत्रण न हो। इस संबंध में उन्होंने विशेष रूप से अमेरिका, कनाडा और ऑस्ट्रेलिया जैसे बड़े संघीय ढाँचेवाले देशों के उदाहरण दिए थे।

इस पुस्तक को लिखने में मैंने यथा संभव मुख्यतः, मूल, प्रारंभिक, विश्वसनीय और वास्तविक स्रोतों पर ही भरोसा किया है, उनका संदर्भ दिया है और उद्धृत किया है, तथापि कुछ मामलों में दिए गए बिंदुओं में अधिक विश्वसनीयता और बल डालने के विचारार्थ मैंने राष्ट्रीय अभिलेखागार के कोष कक्ष में भावी पीढ़ी के लिए ध्यानपूर्वक रखे गए दुर्लभ और मूल दस्तावेजों को भी उद्धृत किया है अथवा उन्हें दुहराया है। मैं इस संगठन के प्रति कृतज्ञ हूँ कि उसने मेरी सहायता की और उन दस्तावेजों को संदर्भित करने और उद्धृत करने की अनुमति दी, जो निःसंदेह विशेष रूप से परिरक्षित थे।

पाठकों के लाभ के लिए मैंने इस अध्ययन में 1912 के बाद से दिल्ली की संवैधानिक यात्रा एवं इतिहास को शामिल करने का प्रयास किया है, जब राजधानी को कलकत्ता से दिल्ली स्थानांतरित किया गया था तथा इसकी विशिष्ट

स्थिति और दर्जे के मद्देनजर इस भूभाग के प्रशासन और शासन व्यवस्था के संबंध में स्वतंत्रता प्राप्ति के बाद के समय के दौरान प्रयोग किए गए थे। पाठकों के लाभ के लिए पुनरावलोकन हेतु उन प्रयोगों को सूचीबद्ध करने और आख्यान देने के लिए प्रयास किए गए हैं।

दिल्ली में वर्तमान में प्रचलित प्रयोग, यथा उप-राज्यपाल, उन्हें सहायता और सलाह देने के लिए मंत्रिपरिषद् और चुने गए विधानमंडल की व्यवस्था, यद्यपि यह व्यवस्था लगभग दो दशकों से सुचारु रूप से कार्य कर रही है, तथापि इसके परिणामस्वरूप हाल में मुख्यमंत्री और उप-राज्यपाल की अपनी शक्तियों के संबंध में दोनों के बीच क्षेत्राधिकार को लेकर खींचतान होती रही है। एक समय तो यह संघर्ष इतना तीव्र और नियमित हो गया कि मामले में निर्णय के लिए उच्च न्यायिक तंत्र से संपर्क साधा गया। प्रसन्नता की बात यह है कि उच्चतम न्यायालय ने वक्तव्य देते हुए अपने निर्णय में यह कहा कि हस्तांतरित विषयों (अर्थात् जिन विषयों पर विधानसभा को कानून बनाने का अधिकार है) के संबंध में उप-राज्यपाल को मंत्रिपरिषद् की सलाह मानकर ही कार्य करना चाहिए, तथापि इस निर्णय ने फिलहाल इस विवाद पर विराम लगा दिया है। (उच्चतम न्यायालय के निर्णय के पूर्ण पाठ को पुस्तक के अनुबंध के रूप में संलग्न किया गया है।)

मुझे यह दावा करते हुए कोई संकोच नहीं है कि 'दिल्ली को पूर्ण राज्य का दर्जा' विषय पर यह अपने प्रकार का पहला अध्ययन है। विषय के चयन का श्रेय विश्वविद्यालय के कुलाधिपति डॉ. नंदकिशोर गर्ग को जाता है, जिनके साथ मेरा संपर्क 27 वर्ष पूर्व तब हुआ, जब वे पहली बार 1993 में दिल्ली विधानसभा के लिए चुने गए। उसके बाद, हम दोनों एक-दूसरे के निकट आए और वे मेरे पसंदीदा विधायक बन गए। शिक्षाविद् होने के नाते उनका विजन तथा उनकी सोच इस बड़े लोक महत्त्व के अनछुए विषय के बारे में खोज करना था, जिसके लिए उन्होंने मेरा सहयोग माँगा। मैं अपने प्रयासों में कितना सफल रहा इसका निर्णय और मूल्यांकन मैं पाठकों के विवेक पर छोड़ता हूँ।

पूर्व की भाँति इस बार भी मेरे परामर्शदाता, मार्गदर्शक और मेरे लिए पिता तुल्य डॉ. सुभाष कश्यप जी ने समय-समय पर मेरा मार्गदर्शन किया है एवं

पुस्तक का मुख पृष्ठ भी सुझाया है। यदि कुछ ही वर्षों के दौरान मैं दिल्ली के संबंध में 10 पुस्तकों को सफलतापूर्वक लिखने में समर्थ हो पाया तो इसका श्रेय पूर्णतः डॉ. कश्यप सर को, उनकी उदारता एवं उनकी स्नेहशील सलाह को जाता है, जिन्होंने लेखक के रूप में मुझे निखारने में एक उत्प्रेरक की तरह कार्य किया।

संसद् सचिवालय में मेरे तीन पूर्व सहकर्मी—श्री शिव कुमार, संयुक्त सचिव; श्रीमती मंजू शर्मा, निदेशक और श्री विनय मोहन, निदेशक ने आवश्यकता पड़ने पर सलाह और सूचनाएँ प्रदान कीं। उसी प्रकार, दिल्ली विधानसभा सचिव श्री सी. वेलमुरुगन, जो विधानसभा के शैशव काल में मेरे सहयोगी अधिकारी भी रहे, ने आवश्यकता पड़ने पर विधानसभा पुस्तकालय अथवा रिकॉर्ड से तत्काल सूचना उपलब्ध कराई। इस पांडुलिपि को त्रुटिरहित टंकण और कंप्यूटराइज्ड रूप देने के लिए श्री बृजेश कुमार और श्री आनंद विश्वकर्मा को भी बहुत-बहुत धन्यवाद।

अंत में सबसे महत्त्वपूर्ण, मैं दिल्ली के वरिष्ठ सामाजिक और राजनीतिक कार्यकर्ता श्री छत्तर सिंहजी के प्रति अपनी कृतज्ञता व्यक्त करता हूँ। मैं आश्वस्त हूँ कि यह जानकर उनकी बाँछें खिल उठेंगी कि उन्होंने जो सामग्री मुझे मेरे घर पर पधारकर मुहैया कराई है, उस सामग्री ने आकार ले लिया है और एक स्थायी संदर्भ मूल्यवाली उपयोगी पुस्तक के रूप में परिवर्तित हो गई है।

यदि मैं डॉ. विनय कृष्ण भटनागर, डी. लिट् के प्रति अपनी कृतज्ञता व्यक्त नहीं करता हूँ तो मेरे कर्तव्य की इतिश्री नहीं होगी, क्योंकि उन्होंने मेरे और उत्कृष्ट महाराजा अग्रसेन विश्वविद्यालय के बीच एक इंटरफेस की भूमिका निभाई है।

समाप्ति से पूर्व मैं अपनी पत्नी अनिला शर्मा द्वारा दिए गए मौन योगदान को नहीं भूल सकता, लेखन कार्य हेतु जिनकी नींद को मैंने शयन कक्ष की लाइट जलाकर नियमित रूप से और कई महीनों तक भंग किया, कभी-कभी तो सुबह तीन बजे तक।

मैं उन क्षणों को भी बड़े स्नेह और भावुकता से याद करता हूँ, जब मेरे लाड़ले पोता-पोती (निपुण और नैतारा, जिनकी आयु क्रमशः नौ वर्ष और तीन

वर्ष है) मेरे अध्ययन कक्ष में सबकी नजरें चुराकर घुस आते थे और कई बाल-सुलभ प्रश्नों व जिज्ञासाओं की झड़ी लगा देते थे। ऐसा करके वे मुझे एकरसता से क्षणिक राहत भी दिलाते थे और नई ऊर्जा व शक्ति भी प्रदान कर जाते थे, जो ऐसे कार्यों हेतु वांछनीय है। मेरी राय में यह भी अपने प्रकार का योगदान है।

पाठकों के सुझावों, प्रतिक्रियाओं एवं टिप्पणियों का स्वागत है।

—एस.के. शर्मा

117, मन्नू हाउस, किलोकरी

(महारानी बाग के सामने) रिंग रोड

नई दिल्ली-110014

इ-मेल : 117.sksharma@gmail.com

दूरभाष : 011 26346726

मोबाइल : 9811101174, 9212252386

पूर्व-भूमिका

महाराजा अग्रसेन विश्वविद्यालय, हिमाचल प्रदेश के कुलाधिपति महोदय द्वारा 'दिल्ली को पूर्ण राज्य का दर्जा' विषय पर उनके लिए शोध अध्ययन परियोजना शुरू करने हेतु दिए गए प्रस्ताव को अपनी सहमति भिजवाने के बाद लेखक ने सभी संगत सामग्री यथा संविधान सभा और संसद् के वाद-विवाद, दिल्ली विधानसभा की कार्यवाहियों और रिकॉर्डों, समय-समय पर इस विषय पर गठित समितियों और आयोगों के प्रतिवेदनों, समय-समय पर दिल्ली सरकार द्वारा प्रकाशित आर्थिक सर्वेक्षणों, लेखक के अपने पूर्व के प्रकाशनों एवं विशेष अनुरोध पर राष्ट्रीय अभिलेखागार से प्राप्त कागजातों को संगृहीत करने का कार्य प्रारंभ कर दिया।

उन कागजातों, जिन्हें राष्ट्रीय अभिलेखागार द्वारा उपलब्ध कराया गया था, का अध्ययन करते हुए एक पृष्ठ के एक ऐसे दस्तावेज पर लेखक का अचानक ध्यान गया, जो समय की मार के साथ पीला पड़ गया था। यह एक सीधा-सादा दस्तावेज था—एक बैठक की सूचना थी, जिसमें लिखा था—

'प्रारूप समिति की बैठक कल (25-07-1949) संविधान सभा कक्ष में सुबह 10 बजे होगी, जिसमें संविधान के प्रारूप हेतु की गई सिफारिशों पर विचार किया जाएगा।'

इस पैराग्राफ में कुछ भी असामान्य अथवा महत्त्वपूर्ण बात नहीं थी और कागज साधारण कार्यालय परिपत्र की श्रेणी में ही आता था। अत: तवज्जो देने की कोई बात ही नहीं थी।

किंतु बाद के तीन पंक्तिवाले पैराग्राफ को जब पढ़ा तो लगा जैसे बम फटा

हो। दिमाग में मानो एक बिजली कौंधी। इसकी विषयवस्तु से उद्विग्न होकर लेखक ने बड़े ध्यानपूर्वक इस परिपत्र को पुनः शुरू से लेकर अंत तक कई बार पढ़ा और दस्तावेज को उलटा-पलटा। दूसरे पैराग्राफ में इस प्रकार लिखा हुआ था—

'कल (25-07-1949) 3 बजे अपराह्न में समिति माननीय सरदार वल्लभभाई पटेल के आवास (1, औरंगजेब रोड) पर केंद्र द्वारा प्रशासित क्षेत्रों के संबंध में प्रावधानों पर विचार करने के लिए बैठक करेगी।'

संसदीय प्रक्रिया के जानकार लेखक को अपनी आँखों पर विश्वास नहीं हुआ, क्योंकि समिति की बैठक की आयोजन प्रक्रिया एकदम अनोखी एवं निराली थी और यह स्थापित संसदीय प्रक्रिया में नहीं थी, किंतु दिए गए इस दस्तावेज की असलियत अथवा प्रामाणिकता पर प्रश्न चिह्न लगाने की भी कोई गुंजाइश नहीं थी, क्योंकि यह भारत के राष्ट्रीय अभिलेखागार द्वारा उपलब्ध कराया गया दस्तावेज था और इसे संविधान सभा सचिवालय (संविधान के प्रारूप को तैयार करने हेतु नियुक्त (चीफ ड्राफ्टमैन) मुख्य प्रारूपकर्ता) संयुक्त सचिव, श्री एस.एन. मुखर्जी के नाम से जारी किया गया था।

लंबे समय तक भारत की संसदीय समितियों के कार्यकरण में सहायता और योगदान देने के कारण लेखक के हैरान मस्तिष्क में बड़ी तेजी से अनेक ऐसे संगत प्रश्न उछले, जिनका कोई सीधा उत्तर नहीं था। कुछ प्रश्न इस प्रकार थे—

(क) संविधान की प्रारूप समिति एक गैर-सदस्य (सरदार वल्लभभाई पटेल) के सरकारी आवास पर अपनी बैठक क्यों और किसकी अनुमति से कर रही थी?

(ख) समिति के सभापति (डॉ. बी.आर. अंबेडकर) ने प्रारूप समिति की चर्चा में भाग लेने के लिए एक गैर-सदस्य (सरदार वल्लभभाई पटेल) को क्यों आमंत्रित किया था?

(ग) एक अन्य गैर-सदस्य और सरकार के मुखिया (प्रधानमंत्री पंडित जवाहरलाल नेहरू) को भी इस बैठक में क्यों आमंत्रित किया गया था और बैठक से जुड़ी सूचना की जानकारी की एक प्रति उन्हें क्यों भेजी गई थी?

(घ) इस बैठक के स्थान को इसके सामान्य नामोद्दिष्ट स्थान (अर्थात् संसद् भवन के कंस्टीट्यूशन हॉल) से बदलकर प्रारूप समिति के सभापति (डॉ. बी.आर. अंबेडकर) के आवास पर भी न होकर गैर सदस्य गृहमंत्री (पटेल) के सरकारी आवास पर क्यों किया गया था?

(ड.) सभी सदस्यों को इस बैठक की सूचना केवल एक दिन पूर्व ही क्यों दी गई और ऐसी अल्प सूचना पर इस बैठक को आयोजित करने की तात्कालिकता (अरजेंसी या इरजेंसी) की प्रकृति क्या थी?

(च) प्रस्तावित बैठक सोमवार, 25 जुलाई, 1949 को 3 बजे अपराह्न में रखी गई थी, लेकिन इसकी सूचना सभी संबंधित लोगों को केवल एक दिन पूर्व अर्थात् 24 जुलाई, 1949 को क्यों दी गई थी, जो कि रविवार होने के कारण अवकाश का दिन था?

(छ) प्रारूप समिति के सचिवालय को रविवार के दिन खोलने की आवश्यकता क्यों पड़ी?

(ज) बैठक के सूचना-पत्र में यह क्यों लिखा हुआ था कि इस बैठक का एजेंडा 'केंद्र प्रशासित क्षेत्रों से संबंधित उपबंधों पर विचार करना' था, जबकि किसी सामान्य ज्ञानवाले व्यक्ति को भी स्पष्ट था कि भारत के तीन दिग्गज महारथी डॉ. अंबेडकर, पं. नेहरू एवं सरदार पटेल किसी बड़े एवं जटिल मुद्दे पर चर्चा करने और उसका समाधान ढूँढ़ने के लिए एकसाथ प्रयासरत थे?

जब लेखक ने अपने स्तर पर आगे खुदाई, अर्थात् व्यवस्थित शोध और निरीक्षण किया तो यह संशय समाप्त हो गया था कि भारत की त्रिमूर्ति (अंबेडकर, नेहरू और पटेल) को जिन बातों से चिंता हो रही थी, वह 'केंद्र प्रशासित क्षेत्रों से संबंधित उपबंध' थे, बल्कि उनकी परेशानी का वास्तविक सबब संविधान सभा की विशेष समिति (पट्टाभि सीतारमैया समिति) द्वारा दिल्ली के भविष्य के बारे में की गई सिफारिशें थीं।

पट्टाभि सीतारमैया समिति की इन सिफारिशों को यदि स्वीकार कर लिया जाता, तो इसका तात्पर्य यह होता कि भारत की राजधानी दिल्ली केंद्र सरकार के

नियंत्रण से बाहर चली जाती। यह विशेष समिति अपने प्रतिवेदन और सिफारिशों को पहले ही 21 अक्तूबर, 1947 को संविधान सभा के अध्यक्ष के समक्ष प्रस्तुत कर चुकी थी। इसमें सिफारिश की गई थी कि दिल्ली के लोगों को अपनी सरकार चुनने का अधिकार दिया जाए (जिसे आज की बोलचाल और संदर्श में पूर्ण राज्य का दर्जा कह सकते हैं)। समिति ने दिल्ली के लिए राष्ट्रपति द्वारा मनोनीत एक उप-राज्यपाल, एक मंत्रिपरिषद् और 50 सदस्योंवाली चुनी हुई विधानसभा की सिफारिश की थी। यहाँ तक तो सब उचित प्रतीत होता था, किंतु संभवत: यह बात इन तीन दिग्गजों (अंबेडकर, नेहरू और पटेल) के गले नहीं उतरी कि प्रस्तावित विधानसभा को प्रांतीय सूची और समवर्ती सूची में सभी विषयों पर कानून बनाने का अधिकार कैसे दिया जा सकता है। यदि इन सिफारिशों को लागू किया गया तो इसका प्रभाव यह होगा कि राष्ट्रीय राजधानी और केंद्र सरकार के मुख्यालय को स्थानीय प्रशासन के नियंत्रण में रहना पड़ जाएगा। ऐसी व्यवस्था संसार में कहीं भी नहीं थी। अन्य संघीय ढाँचेवाले देशों यथा अमेरिका, कनाडा, ऑस्ट्रेलिया आदि में केवल संघीय विधान मंडल (अर्थात् संसद्) को ही संघीय सरकार की राजधानी के संबंध में कानून बनाने का विशेष और एकमात्र अधिकार है, लेकिन विशेष समिति (पट्टाभि सीतारमैया समिति) ने अपनी रिपोर्ट में इसके बिल्कुल प्रतिकूल सिफारिश कर दी थी, जो किसी भी रूप में इन तीनों महानुभावों को स्वीकार्य नहीं था। संविधान सभा के वाद-विवाद से पता चलता है कि इस मुद्दे पर ये तीनों ही लोग समान विचार रखते थे और वे तीनों चाहते थे कि कुछ भी हो, पट्टाभि सीतारमैया समिति द्वारा संविधान सभा के मुखिया को प्रस्तुत किया गया प्रतिवेदन अस्वीकार कर दिया जाना चाहिए।

तथापि इन सिफारिशों को एकदम से रद्द करने का ऐसा सख्त कदम केवल संविधान सभा द्वारा ही लिया जा सकता था, जिसका अंग या हिस्सा यह विशेष समिति थी, लेकिन इसमें एक समस्या भी छिपी हुई थी। संविधान सभा में ऐसे कई सदस्य थे, जिनके विचार इन तीनों शक्तिशाली लोगों—अंबेडकर, नेहरू और पटेल—के विचारों से भिन्न थे। इनमें सात सदस्यीय विशेष समिति के सभापति और सदस्यों के अलावा कुछ अनुभवी लोग, यथा महावीर त्यागी, आर.के. सिधवा और देशबंधु गुप्ता शामिल थे, जिनके संकल्प पर इस विशेष

समिति का गठन किया गया था। संभावित मत विभाजन की स्थिति में कोई अप्रिय स्थिति उत्पन्न होने की संभावना से इनकार नहीं किया जा सकता था और भिन्न विचारों को रखने के कारण संविधान सभा दो हिस्सों में बँट सकती थी।

अतः इस विशेष समिति के प्रतिवेदन तथा इसके द्वारा दिए गए प्रतिवेदन व सिफारिशों को अस्वीकार करने व निष्फल करने के लिए एक भिन्न तरीके को ढूँढ़ने की आवश्यकता थी। यह कार्य संविधान सभा के अध्यक्ष को विश्वास में लिये बिना संभव नहीं हो सकता था। इसलिए राजेंद्र बाबू को वास्तविक स्थिति से अवगत कराया गया एवं राजी किया गया और अंत में वे मान भी गए। संविधान सभा की विशेष समिति के प्रतिवेदन को सदन में भेजने की बजाय, उन्होंने इसे प्रारूप समिति के पास भेज दिया। इस प्रकार प्रारूप समिति ने इस संबंध में अधिकार ग्रहण कर लिया।

दिव्यदर्शी डॉ. अंबेडकर (प्रारूप समिति के अध्यक्ष) ने कुशलतापूर्वक प्रारूप समिति के कार्यक्षेत्र को और व्यापक बना दिया। 25 जुलाई, 1949 को इसी उद्देश्य हेतु सरदार पटेल के निवास पर आयोजित प्रारूप समिति की बैठक में उन्होंने निर्णय लेने की प्रक्रिया में पंडित नेहरू और सरदार पटेल को भी जोड़ दिया। दोनों ही नेताओं को प्रारूप समिति की इस बैठक में विशेष रूप से आमंत्रित किया गया, जहाँ एकमत से यह विचार व्यक्त किया गया कि दिल्ली के राष्ट्रीय राजधानी होने की वजह से इसे प्रभावी रूप से संघ सरकार के नियंत्रण में ही होना चाहिए और जैसा कि अन्य संघीय ढाँचेवाले देशों यथा अमेरिका, कनाडा और ऑस्ट्रेलिया में है, संघीय विधानमंडल (संसद्) के पास संघ सरकार के इस क्षेत्र के संबंध में कानून बनाने का एकमात्र अधिकार होना चाहिए, अन्य किसी संस्था का नहीं।

प्रारूप समिति ने दिल्ली के संबंध में विशेष समिति (पट्टाभि सीतारमैया समिति) की सिफारिशों पर अपनी असहमति भी जाहिर की और समिति द्वारा लिया गया निर्णय एक प्रतिवेदन में परिलक्षित हुआ, जिसे संविधान सभा के अध्यक्ष के पास सौंपा जाना था।

विशेष समिति (पट्टाभि सीतारमैया समिति) द्वारा की गई सिफारिशों के संबंध में पंडित नेहरू ने पूर्व में भी इस वाद-विवाद में भाग लेते हुए 1 अगस्त,

1949 को संविधान सभा को निम्नलिखित शब्दों के साथ अपनी चिंताएँ बताई थीं—

'…दो वर्ष पूर्व इस सदन ने एक समिति (पट्टाभि सीतारमैया समिति) का गठन किया था, किंतु जब से इस समिति का गठन किया गया, दुनिया बदल गई है; भारत बदल गया है और दिल्ली भी अत्यंत बदल गई है। इसलिए, दिल्ली में हुए इन व्यापक परिवर्तनों के बावजूद इस समिति की सिफारिशों को लागू करने का अर्थ होगा, इस प्रश्न पर वास्तविकता से पूर्णतः दूर होकर विचार करना।'

प्रारूप समिति द्वारा भारत के नए संविधान के प्रारूप के साथ संविधान सभा के सभापति को प्रारूप समिति के अध्यक्ष डॉ. बी.आर. अंबेडकर द्वारा दिए गए प्रतिवेदन में भिन्न पैराग्राफ अंतर्विष्ट किया गया—

'जहाँ तक दिल्ली का संबंध है, हमें ऐसा प्रतीत होता है कि भारत की राजधानी के रूप में इसे स्थानीय प्रशासन के अंतर्गत नहीं रखा जा सकता है। अमेरिका में कांग्रेस (संसद्) के पास सरकार के इस क्षेत्र के संबंध में विशिष्ट विधायी शक्ति है; ऐसा ही ऑस्ट्रेलिया में है। इन पूर्व मिसालों व उदाहरणों से कन्नी काटने का (पट्टाभि सीतारमैया समिति) के प्रतिवेदन में कोई पर्याप्त कारण नहीं प्रकट होता है। इसलिए, हम इस निष्कर्ष पर पहुँचे हैं कि इस हेतु किंचित् भिन्न योजना अपेक्षित है।'*

17 नवंबर, 1949 को डॉ. अंबेडकर द्वारा एक प्रस्ताव लाया गया कि संविधान सभा द्वारा तय किए गए संविधान को पारित किया जाए।

26 नवंबर, 1949 को इस प्रस्ताव को स्वीकार किया गया। इस प्रकार उस दिन संविधान सभा में भारत के लोगों ने भारत के संप्रभु लोकतांत्रिक गणतंत्र के इस संविधान को अंगीकृत, अधिनियमित किया और स्वयं को यह संविधान दिया।

संविधान निर्माताओं के निष्कपट एवं स्पष्ट विचार के होने के बावजूद भी कुछ राजनीतिक दलों ने स्थानीय स्तर पर नियमित अंतराल पर दिल्ली के लिए पूर्ण राज्य के दर्जे की माँग करना जारी रखा; जिसे उनका निहित स्वार्थ अथवा दिल्ली की संवैधानिक यात्रा के प्रति अनभिज्ञता ही कहा जा सकता है।

---

* मूल वक्तव्य अंग्रेजी में

हाल ही में वर्ष 2019 में संपन्न हुए संसद्रीय चुनाव, जिसे एक राजनीतिक दल द्वारा 'दिल्ली को पूर्ण राज्य का दर्जा' दिए जाने के मुख्य नारे के साथ लड़ा गया था, चुनाव परिणाम में यह संकेत मिला कि पूर्ण राज्य का दर्जा दिए जाने के मुद्दे को दिल्ली के मतदाताओं ने कोई तवज्जो नहीं दी, क्योंकि उस राजनीतिक दल को लोकसभा में एक भी सीट पर विजय नहीं प्राप्त हुई। अत: निष्कर्ष यह निकाला जा सकता है कि दिल्ली की जनता दिल्ली को एक ऐसे प्रदेश के रूप में बनाए रखने की पक्षधर है, जिस पर केंद्र सरकार का प्रत्यक्ष शासन हो, न कि किसी राज्य विशेष का।

घटनाओं का कालक्रम

15 दिसंबर, 1911	दिल्ली दरबार (दिल्ली विश्वविद्यालय के निकट किंग्सवे कैंप के कोरोनेशन पार्क में आयोजित) किंग जॉर्ज पंचम द्वारा ब्रिटिश भारत की राजधानी को कलकत्ता से दिल्ली स्थानांतरित किए जाने की घोषणा।
13 फरवरी, 1931	भारत की नई राजधानी के रूप में नई दिल्ली का निर्माण पूरा हुआ। लॉर्ड इरविन द्वारा इसका औपचारिक उद्घाटन।
9 दिसंबर, 1946	भारत के नए संविधान का प्रारूप तैयार करने के लिए संविधान सभा की पहली बैठक कॉन्स्टीट्युशन हॉल वर्तमान में संसद् के सेंट्रल हॉल में आयोजित।
3 जुलाई, 1947	संविधान सभा ने प्रारूप समिति द्वारा प्रस्तुत संविधान के अध्याय आठ पर चर्चा की, जिसमें प्रत्यक्ष रूप से प्रशासित प्रांतों (दिल्ली सहित) के प्रावधान अंतर्विष्ट हैं।
30 जुलाई, 1947	दिल्ली प्रांत के सदस्य (देशबंधु गुप्ता) ने एक प्रस्ताव रखा कि दिल्ली सहित प्रत्यक्ष प्रशासित प्रांतों के प्रशासन के लिए संवैधानिक बदलावों की संस्तुति करने के लिए सदन की एक विशेष समिति गठित की जाए। इस प्रस्ताव को स्वीकार कर लिया गया।
31 जुलाई, 1947	संविधान सभा के अध्यक्ष (डॉ. राजेंद्र प्रसाद) द्वारा इस उद्देश्य के लिए डॉ. बी. पट्टाभि सीतारमैया की अध्यक्षता वाली सात सदस्यीय समिति नियुक्त।

21 अक्तूबर, 1947	पट्टाभि सीतारमैया समिति ने (दिल्ली सहित) केंद्र प्रशासित क्षेत्रों के संबंध में सिफारिशों वाली रिपोर्ट संविधान सभा के अध्यक्ष को सौंपी। समिति ने दिल्ली के लिए एक उपराज्यपाल, तीन सदस्यों वाली मंत्रिपरिषद् और 50 सदस्यीय विधानसभा की सिफारिश की। विधानसभा को राज्य सूची और समवर्ती सूची में सभी विषयों पर कानून बनाने का अधिकार दिया गया (आज के संदर्भ और बोली में इसे पूर्ण राज्य का दर्जा कहा जा सकता है)। संविधान सभा के अध्यक्ष ने इस रिपोर्ट को सदन (संविधान सभा) में भेजने के बजाय प्रारूप समिति के अध्यक्ष (डॉ. बी.आर. अंबेडकर) के पास भेजा।
24 जुलाई, 1949	प्रारूप समिति ने अपने सदस्यों और अन्य संबंधित पक्षों को यह सूचित करते हुए नोटिस जारी किया कि "कल दिनांक 25.07.1949 को 3 बजे अपराह्न में माननीय सरदार वल्लभभाई पटेल के आवास (1, औरंगजेब रोड) पर केंद्र प्रशासित क्षेत्रों से संबंधित प्रावधानों पर विचार करने के लिए समिति की बैठक होगी।" दो गैर-सदस्य, यथा सरदार वल्लभभाई पटेल और पंडित जवाहरलाल नेहरू को भी इस बैठक में आमंत्रित किया गया।
25 जुलाई, 1949	आमंत्रित अतिथियों सहित प्रारूप समिति की बैठक हुई और एकमत होकर यह टिप्पणी करते हुए पट्टाभि सीतारमैया की इन सिफारिशों से असहमति व्यक्त की कि राष्ट्रीय राजधानी को स्थानीय प्रशासन के तहत नहीं रखा जा सकता है। समिति ने अपने तर्क में अमेरिका, ऑस्ट्रेलिया, कनाडा जैसे अन्य संघीय देशों का उदाहरण

	दिया, जहाँ केवल संघीय संसदों के पास राजधानी के संबंध में प्रभावी नियंत्रण है और कानून बनाने का अधिकार है।
नवंबर 1949	डॉ. अंबेडकर ने दिल्ली के संबंध में प्रारूप समिति की रिपोर्ट समिति द्वारा यथा निर्धारित भारत के नए संविधान का प्रारूप संविधान सभा के अध्यक्ष को सौंपा। डॉ. अंबेडकर की रिपोर्ट में दिल्ली के संबंध में निम्नलिखित पैरा अंतर्विष्ट था—"जहाँ तक दिल्ली का संबंध है, हमें ऐसा प्रतीत होता है कि भारत की राजधानी होने के कारण इसे स्थानीय प्रशासन के तहत नहीं रखा जा सकता है। अमेरिका में वहाँ की कांग्रेस (संसद्) राजधानी क्षेत्र के संबंध में अपने विशिष्ट विधायी अधिकार का प्रयोग करती है और ऐसा ही ऑस्ट्रेलिया में भी है। पट्टाभि सीतारमैया समिति में इन पूर्वोद्धाहरणों को अलग रखने का कोई पर्याप्त कारण नहीं बताया है। इसलिए हम इस निष्कर्ष पर पहुँचे हैं कि (दिल्ली के संबंध में) इससे अलग योजना ही अपेक्षित है।"
17 नवंबर, 1949	डॉ. बी.आर. अंबेडकर ने एक प्रस्ताव प्रस्तुत किया कि संविधान सभा द्वारा यथा तैयार संविधान को पारित किया जाए।
26 नवंबर, 1949	प्रस्ताव स्वीकृत हुआ।

ऐसा प्रतीत होता है कि स्वतंत्र भारत के नए संविधान के औपचारिक अंगीकरण के ऐतिहासिक क्षण से उत्पन्न उत्साह और उल्लास के बीच संविधान के प्रारूप के साथ प्रस्तुत रिपोर्ट में दिल्ली के भविष्य के विषय में की गई टिप्पणियों और सिफारिशों पर शायद ध्यान नहीं दिया गया अथवा संविधान सभा के सदस्यों के नजरों से यह बात चूक गई।

उपर्युक्त घटनाओं का कालक्रम कई विवादास्पद, चर्चा योग्य और कठिन प्रश्न खड़े करता है, यथा—

(क) यदि 'हम भारत के लोग' का प्रतिनिधित्व करने वाली संविधान सभा द्वारा यह अंतिम निर्णय और निर्धारित किया गया था कि देश की राजधानी के रूप में दिल्ली केंद्र के नियंत्रणाधीन रहेगी और वह पूर्ण राज्य नहीं होगी तो इन वर्षों में इस मुद्दे पर इतनी हाय-तौबा क्यों मची रही? क्या यह मामला बिना बात का बतंगड़ नहीं है?

(ख) क्या भारत के लोगों का प्रतिनिधित्व करनेवाली संविधान सभा के निर्णय को केवल इसलिए खारिज किया जा सकता है कि राष्ट्रीय राजधानी राज्य क्षेत्र के लोगों के एक धड़े की माँग भिन्न है?

(ग) लगभग सात दशक तक भिन्न सरकारों, कानून निर्माताओं की पीढ़ियों और राजनीतिक दलों ने इस तथ्य को कैसे विस्मृत कर दिया कि दिल्ली के लिए पूर्ण राज्य के दर्जे के मुद्दे का निवारण तो संविधान निर्माताओं द्वारा पहले ही किया जा चुका है?

(घ) क्या एक पहले से ही सुलझाए गए मामले को बिना बात बार-बार दुहराया जाना हमारे संविधान निर्माताओं और विशेष रूप से डॉ. बी.आर. अंबेडकर, पंडित जवाहरलाल नेहरू, सरदार वल्लभभाई पटेल, जिन्होंने दिल्ली के प्रांतीय स्वायत्ता का पुरजोर विरोध किया था, के विजन और बौद्धिकता का उपहास उड़ाना और अवमानना करना नहीं है?

(ङ) यदि कोई पंजीकृत राजनीतिक संगठन लोगों को किसी महत्त्वपूर्ण सार्वजनिक मुद्दे पर सांविधानिक रूप से अस्तित्वहीन तरीकों, जैसे कि रेफरेंडम या जनमत संग्रह आदि कराने के लिए उकसाता है अथवा प्रयास करता है तो क्या उक्त संगठन को गैर-कानूनी घोषित अथवा अपंजीकृत नहीं कर दिया जाना चाहिए?

(च) दिल्ली विधान सभा द्वारा ऐसे मुद्दे पर बार-बार संकल्प इत्यादि पारित करने का क्या औचित्य है, जिसे पहले ही सुलझाया जा चुका हो और सबसे महत्त्वपूर्ण बात यह है कि संविधान सभा में भारत के लोगों की सर्वसम्मति इसमें शामिल हो?

महाराजा अग्रसेन विश्वविद्यालय

विश्वविद्यालय अनुदान आयोग द्वारा अनुमोदित

अटल शिक्षा कुंज, पिंजोर नालागढ़ राजमार्ग, नानकपुर,

कालुझंडा, बारोतिवाला, जिला-सोलन (हि.प्र.)-174103,

दूरभाष: +91-93180-29217,18

इ-मेल : maitbaddi@gmail.com, www.mau.ac.in

संदर्भ सं. एम.ए.यू./चांसलर/1322 दिनांक : 24.04.2019

प्रिय श्री शर्मा,

केंद्र शासित प्रदेश दिल्ली को पूर्ण राज्य का दर्जा देना एक ऐसी चर्चा का विषय है, जो कई वर्षों से चल रही है। वर्तमान में इस पर उत्कटता से चर्चा हो रही है। दिल्ली का दर्जा न केवल दिल्लीवालों के लिए गंभीर चिंता व मंथन का विषय है, बल्कि यह राष्ट्रीय महत्त्व का मामला भी है, तथापि इस विषय पर कोई विस्तृत, विश्वसनीय प्रकाशन उपलब्ध नहीं है, जो नागरिकों, राजनीतिक कार्यकर्ताओं, बुद्धिजीवियों और विद्धानों आदि को इस विषय के विभिन्न पहलुओं को समझाने में समर्थ बना सके। इसलिए यह सही समय है कि इस विषय पर एक पूर्ण और उच्च गुणवत्तावाला अध्ययन कराया जाए।

महाराजा अग्रसेन विश्वविद्यालय, हिमाचल प्रदेश के पास शिक्षा, इतिहास और सामाजिक मूल्यों के विषय पर शोध अध्ययन को प्रायोजित करने का एक कार्यक्रम है। तद्नुसार ही महाराजा अग्रसेन विश्वविद्यालय ने केंद्र शासित प्रदेश दिल्ली को पूर्ण राज्य का दर्जा देने के मुद्दे पर एक शोध अध्ययन करने का निर्णय लिया है। यह अपनी तरह की पहली शोध परियोजना होगी, जिसमें कानूनी, संवैधानिक, प्रशासनिक, ऐतिहासिक और राजनीतिक मामलों के सभी पहलुओं को शामिल किया जाएगा।

हम समझते हैं कि भारतीय संसद् और दिल्ली विधानसभा में महत्त्वपूर्ण पदों को धारण करने के कारण तथा संवैधानिक एवं कानूनी मुद्दों पर अपने

दीर्घकालिक और समृद्ध अनुभव के साथ आप इस शोध परियोजना का नेतृत्व करने हेतु उपयुक्त व्यक्ति हैं।

हमारा दृष्टिकोण यह है कि यह परियोजना रिपोर्ट उच्चतम मानकों का एक ऐतिहासिक दस्तावेज बने, जिसमें इस मुद्दे के सभी आयाम शामिल हों और यह इस विषय का एक मानक संदर्भ कहलाए। हमें आशा है कि यह शोध प्रकाशन विद्वानों, नागरिकों, राजनीतिक कार्यकर्ताओं, प्रशासकों, संविधान विशेषज्ञों और सरकारों के लिए वास्तविक मूल्यवान बनेगा।

हम आशा करते हैं कि यह शोध कार्य लगभग छह माह की अवधि में पूरा कर लिया जाएगा और उसके तुरंत बाद इसे प्रकाशित किया जाएगा। शोध की समग्र लागत का भार महाराजा अग्रसेन विश्वविद्यालय, हिमाचल प्रदेश वहन करेगा। विस्तृत ब्योरे को अंतिम रूप उचित समय पर दे दिया जाएगा।

इस परियोजना की अगुआई का प्रस्ताव स्वीकार करने के लिए हम आपके प्रति आभारी होंगे।

भवदीय

(डॉ. नंद किशोर गर्ग)
कुलपति

श्री एस.के. शर्मा

पूर्व सचिव

लोकसभा और दिल्ली विधानसभा

मोबाइल : +91-9811101174

दूरभाष : 011-26346726

इ-मेल : 117.sksharma@gmail.com

दिनांक 26 अप्रैल, 2019

सेवा में,

डॉ. नंद किशोर गर्ग

कुलाधिपति

महाराजा अग्रसेन विश्वविद्यालय,

जिला-सोलन,

हिमाचल प्रदेश

महोदय,

यह पत्र आपके दिनांक 24 अप्रैल, 2019 के पत्र संख्या एम.ए.यू./ चांसलर/1322 के संदर्भ में है, जिसमें मुझे केंद्र शासित प्रदेश दिल्ली को पूर्ण राज्य का दर्जा दिलाने के संबंध में शोध परियोजना प्रारंभ करने हेतु मेरी स्वीकार्यता के बारे में पूछा गया है।

इस कार्य हेतु मैं अपने चुनाव के लिए आपके प्रति कृतज्ञ हूँ। मुझे इस परियोजना की अगुआई करने के संबंध में अपनी स्वीकृति देने में प्रसन्नता हो रही है; मुझे आशा है कि यह शोध कार्य शोधकर्ताओं एवं आम पाठकों के अलावा भारत सरकार के सभी अंगों के लिए बड़े संदर्भ का एक लाभकारी दस्तावेज बनेगा।

भवदीय

(एस.के. शर्मा)

117, मन्नू हाउस, किलोकरी

(महारानी बाग के सामने)

नई दिल्ली-110014

अनुक्रम

प्राक्कथन *5*
प्रस्तावना *7*
पूर्व-भूमिका *13*
घटनाओं का कालक्रम *21*

1. राजधानी का स्थानांतरण 31
2. दिल्ली : एक संक्षिप्त विवरण 39
3. दिल्ली के लिए राज्य का दर्जा : एक नजर 49
4. दिल्ली का संवैधानिक इतिहास 115
5. दिल्ली की प्रशासन व्यवस्था : स्वतंत्रता प्राप्ति के उपरांत प्रयोग 119
6. वर्तमान व्यवस्था : एक नजर में 134
7. मुख्यमंत्री–उप–राज्यपाल में मतभेद : उच्चतम न्यायालय का निर्णय 151
8. सेवाओं पर नियंत्रण : बिना बात का बतंगड़ 155

परिशिष्ट—

राष्ट्रीय राजधानी राज्य–क्षेत्र दिल्ली की सरकार बनाम भारत संघ (यूनियन ऑफ इंडिया) (2017 की सिविल अपील संख्या 2357) के संबंध में उच्चतम न्यायालय के निर्णय का मूलपाठ 159

1
राजधानी का स्थानांतरण

ब्रिटिश शासनकाल के अधिकांश समय में दिल्ली नहीं, बल्कि कलकत्ता भारत की राजधानी थी। पूर्व में ब्रिटिश साम्राज्य के गौरव की घोषणा के लिए शाही दरबार का आयोजन 1877 और 1903 में दिल्ली में किया गया था। किंग जॉर्ज पंचम के संरक्षण में तीसरे दिल्ली दरबार का आयोजन दिसंबर 1911 में दिल्ली विश्वविद्यालय के निकट कोरोनेशन पार्क (किंग्सवे कैंप) में किया गया था। इसी दरबार में किंग ने राजधानी को कलकत्ता से दिल्ली लाने के अपने निर्णय की घोषणा की थी। राजधानी के स्थानांतरण की घोषणा को कई लोगों द्वारा 'भारत के इतिहास में सबसे गुप्त रखी गई बात' के रूप में उल्लेख किया गया। इस घोषणा की विषयवस्तु के बारे में अग्रिम रूप से इंग्लैंड और भारत के केवल कुछ ही लोग जानते थे। इस बात की जानकारी भारत में शाही दल के आगमन के पूर्व महारानी को भी नहीं दी गई थी। इंग्लैंड और भारत में इस योजना के बारे में केवल एक दर्जन लोग ही जानते थे। बॉम्बे, मद्रास और बंगाल के गवर्नरों को भी ऐसे किसी प्रस्ताव के बारे में जानकारी नहीं दी गई थी।

राजधानी को कलकत्ता से दिल्ली लाने के लिए किंग द्वारा की गई घोषणा के बारे में रॉबर्ट ग्रांट इरविन ने अपनी पुस्तक 'द इंडियन समर' में निम्नवत् लिखा—

'राजा सम्राट् के शब्द मानसून के काले घने वर्षा बादल से होते हुए उष्णकटिबंधीय सूर्य की भाँति दिल्ली पर फटे। अर्द्धसदी से अधिक समय तक

प्रांतीय दर्जे के रूप में पड़ा हुआ यह शहर, एक झटके में इस उपमहाद्वीप की राजधानी के रूप में उठ खड़ा हुआ।'[1]

'अब दिल्ली वास्तव में और नाम में साम्राज्य की राजधानी थी; यह न केवल पतन हो गए वंशों, जो अपने ही महलों में कैद हो गए थे, का आवास था, बल्कि यह उन शक्तिशाली सरकार का भी स्थान था, जिसका प्रभाव कश्मीर से कोलंबो और कलकत्ता से कराची तक था।'

राजधानी को स्थानांतरित करने के कारणों को संक्षेप में 25 अगस्त, 1911 के लॉर्ड हार्डिंग द्वारा भारत के सेक्रेटरी आफ स्टेट को भेजे गए प्रेषण में बताया गया है।

'राजधानी को स्थानांतरित करने के राजनीतिक लाभ की वास्तविकता समझना असंभव है। दिल्ली अभी भी एक ऐसा नाम है, जो मुग्ध करता है। यह पवित्र पुराणों, जो इतिहास के शुरू होने से परे जाते हैं, के कारण हिंदुओं के मन में बसा हुआ है, वहीं मुसलमानों के लिए यह स्थान मुगलों, जिन्होंने साम्राज्य की स्थापना के रूप में अपने गौरव को हासिल किया, की प्राचीन राजधानी को देखने का एक असीम आनंद का स्रोत भी है। संपूर्ण भारत में, यहाँ तक कि दक्षिण में भी जहाँ मुसलिम की विजय का विस्तार हुआ, प्रत्येक दीवारों से घिरे शहर 'दिल्ली गेट' और लोगों के बीच इसे पूर्व साम्राज्य स्थल के रूप में माना जाता है। इस बदलाव से भारत के लोगों की कल्पना पर ऐसा प्रहार होगा, जिसे और कोई घटना अंजाम नहीं दे सकती, इससे देश भर में उत्साह की लहर जाएगी और सभी लोग इसे भारत में ब्रिटिश सत्ता को बनाए रखने के लिए अविचल दृढ़ता के दावे के रूप में स्वीकार करेंगे।'

वायसराय का मत था कि भारत की सरकार को कलकत्ता के वाणिज्यिक समुदाय के साथ दैनिक संपर्क से दूर हटाने, जिसे भारत में प्रतिक्रियात्मक के रूप में उल्लेख किया गया, का एक भिन्न लाभ होगा। उन्होंने इस पर भी जोर दिया कि लॉर्ड कर्जन के कार्यकाल से बढ़ती अशांति ने अस्पष्ट और आच्छादित जिम्मेदारियों में निहित कठिनाइयों को सामने ला दिया था।

1. द इंडियन समर : लुटियंस, बेकर एंड इंपीरियल दिल्ली, लेखक रॉबर्ट ग्रांट इरविन, ऑक्सफोर्ड यूनिवर्सिटी प्रेस, लंदन, 1981।

दिल्ली का देश के मध्य भाग में स्थित होना भी इसके पक्ष में गया, क्योंकि यह भारतीय साम्राज्य की राजधानी थी। इस स्थानांतरण के प्रस्तावकों ने यह भी बतलाया कि यह बंबई और कलकत्ता के व्यापारियों के लिए समान दूरी पर है और यह इस उपमहाद्वीप के एक कोने में अवस्थित नहीं है। इसके अतिरिक्त, दिल्ली दो महत्त्वपूर्ण क्षेत्रों, पंजाब और उत्तर प्रदेश (संयुक्त प्रांतों) की सरहद पर थी। इसके अतिरिक्त, यह भी तर्क दिया गया कि दिल्ली तक सहज पहुँच से शाही राजपूत राजा और कई अन्य शासक मुखिया, जो प्रमुख रूप से उत्तर भारत में थे, प्रसन्न होंगे।

एक और लाभ यह था कि केंद्रीय विधायी परिषद् के सदस्यों—कुल 68 सदस्यों में से 32 भारतीय थे, को कलकत्ता के क्रांतिकारी लोकमत के दैनिक प्रभाव से दूर रखा जा सकता था, क्योंकि इसे 'भारत में सबसे दुष्प्रभावी' माना जाता था।

शाही राजधानी को दिल्ली लाने को उन लोगों से भी समर्थन मिला, जिन्होंने आग्रह किया था कि राजधानी शहर को बड़े वाणिज्यिक शहरों के प्रभावों से अलग और स्वतंत्र रखा जाए, जैसा कि वाशिंगटन, ओटावा, प्रिटोरिया और केनेबरा का उदाहरण है।

इसके अतिरिक्त, सन् 1889 से दिल्ली बड़े रेलवे स्टेशन का एक जंक्शन भी रहा था, जहाँ कम-से-कम छह लाइनें थीं। यह तर्क दिया गया कि चूँकि दिल्ली कलकत्ता की तुलना में शिमला के अधिक निकट है, इसलिए पहाड़ों पर वार्षिक प्रवास करने में कम समय लगेगा। इसके अतिरिक्त, इसकी बेहतर जलवायु भारत सरकार को राजधानी दिल्ली में ही 1 अक्तूबर से 1 मई तक के सात महीने के लंबे समय तक बनाए रखने के अनुकूल होगी।

कलकत्ता की गरम जलवायु ने राजधानी के स्थानांतरण को प्रेरित करने में कोई कम भूमिका अदा नहीं की। जहाँ कलकत्ता की जलवायु को गर्म, नमी और मच्छरवाला बताया गया, वहीं दिल्ली की जलवायु को सुहाना माना गया।

सत्ता में बैठे लोगों की व्यक्तिगत अस्मिता के आनंद ने भी दिल्ली की नई नियति में अपनी भूमिका अदा की। वायसराय की काउंसिल में एक वरिष्ठ सदस्य फ्लिटवुड विलसन ने वायसराय को लिखा, 'मुझे विश्वास है कि यदि यह

बदलाव किया जाता है तो यह आपको उनमें से सबसे महान् वायसराय बनाएगा, जो अब तक भारत आए हैं। आप इतिहास रचेंगे, न केवल इंग्लैड और भारत का, बल्कि विश्व का।' इसके बाद वायसराय ने गर्व के साथ लिखा कि उन्होंने सदा ही दिल्ली को किसी दिन भारत की राजधानी बनाने के बारे में सोचा था।

15 दिसंबर, 1911 को जॉर्ज पंचम और महारानी मेरी द्वारा कोरोनेशन पार्क में (उत्तरी दिल्ली के किंग्सवे कैंप के निकट) नई राजधानी की आधारशिला रखी गई। राजधानी के स्थानांतरण की घोषणा के एक महीने के भीतर ही वास्तुकारों की एक समिति की नियुक्ति की गई, जिसके सभापति जी.एस.सी. स्विंटन थे तथा जॉन ब्रोडी और एडवर्ड लुटियन इसके सदस्य थे। (बाद में, सर हर्बर्ट बेकर भी 1913 में लुटियन के साथ हो गए।)

भावी राजधानी के लिए स्थान का चयन

3 मार्च, 1912 को लॉर्ड हार्डिंग ने लंदन से तीन वास्तुकारों ब्रोडी, लुटियन और स्विंटन की प्रस्तावित समिति को स्वीकार करने के संबंध में एक संदेश भेजा।

जब समिति ने लंदन के बकिंघम पैलेस का दौरा किया, जहाँ एक साक्षात्कार के लिए तीनों सदस्यों को बुलाया गया था, राजा ने उन्हें कहा कि वे केवल उस स्थान के प्रति प्रतिबद्ध न रहें, जहाँ उसने और महारानी ने आधारशिला रखी थी। (अर्थात् राजधानी हेतु दिल्ली के अन्य स्थानों पर भी विचार कर सकते हैं।)

समिति का कार्य वायसराय और उनकी सरकार को मुख्यत: निम्नलिखित दो बिंदुओं पर सलाह देने का था :

(1) भावी राजधानी के लिए एक स्थल का चुनाव, और

(2) चुने गए स्थल पर शहर की सामान्य योजना बनाना।

इसलिए, इस संबंध में कई प्रश्नों पर विचार किया जाना था। इनमें स्वास्थ्य, सुरक्षा, विस्तार के लिए जगह, लागत, मुख्य भवनों के लिए स्थल, जलापूर्ति, स्वच्छता, मल-जल निकासी, रेलवे, सड़क, बिजली, पार्क, विद्यमान भवन और पुरानी दिल्ली और छावनी के साथ नए शहर का संपर्क आदि। संक्षेप में, विशेषज्ञ की जिम्मेदारी 'ऐसे मामलों का अध्ययन करना और उस पर रिपोर्ट देना था, जो

वहाँ के निवासियों की सुविधा को प्रभावित करता हो, चाहे वह आवास, कारोबार अथवा अंतर संवाद का उद्देश्य हो और साथ ही सम्मान, सौंदर्य और सुविधाओं पर उचित विचारण हो।'

भारत की भावी राजधानी के स्थल के चयन के संबंध में समिति ने उपयुक्त स्थल की जाँच करने के लिए दिल्ली के विभिन्न भागों का दौरा और भ्रमण किया।

रॉबर्ट ग्रांट इरविन ने अपनी पुस्तक 'द इंडियन समर : लुटियन, बेकर एंड इंपीरियल दिल्ली' में इस विषय में समिति द्वारा किए गए प्रयासों के बारे में निम्नवत् उल्लेख किया है—

"समिति का दैनिक कार्य बहुत कठिन था। 5:15 बजे सुबह ठंडे पानी में स्नान कर और मैडन होटल, (जो आज की दिल्ली विधानसभा भवन के निकट है) में एक कप चाय पीकर वे दो या तीन लोग साथ मिलकर फोर्ड लेंडुलेट और डि डियोन कारों या हाथियों पर बैठकर भू-भाग को देखने के लिए निकल जाते थे। जब लगभग 9:30 बजे गरमी बहुत हो जाती थी तो विशेषज्ञ और साथी इंजीनियर और कर्मचारीगण दूसरी बार स्नान करने और नाश्ता करने के लिए पसीने से भीगे वापस आ जाते थे, उसके बाद दिए गए कार्यालय में 11.00 बजे से 2.00 बजे तक कार्य करते थे और 3.00 तक दोपहर का भोजन करते थे, जिसमें वे चर्चा किया करते थे एवं 5.00 बजे तक पत्र व्यवहार करते थे, उसके बाद कारों में वे निकल जाते थे और 8.00 बजे तक तीसरी बार स्नान करने और 8.30 बजे रात्रि भोजन के लिए लौट आते थे। रात्रि भोजन के बाद और चर्चाएँ होती थीं अथवा क्लब में 11.30 बजे तक होते थे। हम सभी इतने व्यस्त होते थे कि लुटियंस ने अपनी तकलीफ बताई कि उन्हें और किसी चीज के लिए समय नहीं मिलता है।"

समिति की शाहजहानाबाद के उत्तर और दक्षिण तथा जमुना के पूर्वी तट की यात्रा में बंजर और ऊबड़-खाबड़ क्षेत्र शामिल था। हर प्रकार के जीव-जंतु पर्याप्त संख्या में थे। लुटियंस ने लिखा—

'सभी प्रकार के हिरण, लंगूर, बंदर, सियार, खरहा, साही, जलीय सर्प, बड़ी मछलियाँ, बड़े कछुए, जो अपने बच्चों को खा जाते हैं, सर्प, चमगादड़,

उड़नेवाली लोमड़ी, गिद्ध, विचित्र पक्षी और कई सुंदर पक्षी, छिपकली, जो विभिन्न प्रकार की थीं, यथा पीली, शुष्क और तीन फीट लंबी। जयपुर के हाथी, बाघ, गुस्सैल काला चीता, लकड़बग्घा और पालतू पक्षी और जानवर।'

उपयुक्त स्थान की खोज में दिल्ली के विभिन्न भागों की व्यापक यात्रा के बाद समिति के सदस्यों के बीच व्यापक चर्चा और परामर्श हुए कि सरकारी भवनों के लिए किस स्थल का चुनाव किया जाए। अंत में समिति सदस्य शाहजहाँ शहर के दक्षिण भाग पर सहमत हुए। 9 जून को लुटियंस ने घोषणा की कि (राजधानी हेतु) स्थल का चयन कर लिया गया है—यह स्थल है, दिल्ली का दक्षिण भाग, मालचा के निकट। यह हर दृष्टिकोण से सही है—स्थान, ऊँचाई, जल, स्वास्थ्य, उपजाऊ मिट्टी और इसके उल्लेख की आवश्यकता नहीं है कि यहाँ से पुरानी दिल्ली से परे खँडहर हुए मकबरों का विहंगम दृश्य नजर आता है, जो सात पीढ़ी पुरानी दिल्ली के अवशेष हैं।

समिति द्वारा इस स्थल का चुनाव तीन वैकल्पिक स्थलों को निरस्त करने के बाद किया गया था—जमुना का पूर्वी तट—समिति द्वारा अस्वास्थ्यकर और बाढ़ आने की संभावना के कारण निरस्त किया गया; दरबार क्षेत्र, उत्तरी दिल्ली, जिसे इसलिए उपयुक्त नहीं पाया गया, क्योंकि इसे अधिग्रहण करना महँगा था, जहाँ स्वच्छता, मल-जल निकासी व्यवस्था बहुत महँगी हो सकती थी, सड़कों का संरेखण कठिन था, नहर और रेलवे मार्ग का निर्माण कठिन था, साथ ही विस्तार के लिए पर्याप्त और बेहतर भूमि का अधिग्रहण कठिन था तथा पहाड़ी का पश्चिमी भाग अथवा दक्षिणी पहाड़ी क्षेत्र, ऐतिहासिक संबद्धता के कारण बदहाल था और यहाँ से दिल्ली का विहंगम दृश्य नहीं दिखता था। इसलिए, समिति को दक्षिणी भाग के चयन की सलाह देने में कोई हिचकिचाहट नहीं थी।

शाही शहर, अब जिसे 'नई दिल्ली' कहा गया, के निर्मित होने और इसे अधिवास के लिए तैयार करने तक पुरानी दिल्ली के उत्तरी भाग में एक अस्थायी राजधानी का निर्माण किया जाना था। इस पहाड़ी क्षेत्र के दोनों ओर अस्थायी राजधानी के भवन खड़े किए गए। पुराना सचिवालय, मुख्य भवन का निर्माण पुराने चंद्रावल गाँव में किया गया था। यह अर्द्धवृत्ताकार क्रीम रंग का पश्चिमी शैली का भवन, जिसे अभी 'दिल्ली विधानसभा भवन' के नाम से जाना जाता

है, सन् 1914 से 1926 के बीच सेंट्रल लजिस्लेचर आफ इंडिया का ठिकाना था। राजधानी के दिल्ली में स्थानांतरण के तत्काल बाद इंपीरियल लजिस्लेटिव काउंसिल का सत्र मेटकाफ हाउस (आज के चंदगी राम अखाड़ा के निकट) शुरू हुआ, जहाँ से बाद में इसका स्थान परिवर्तित कर पुराना सचिवालय ले जाया गया। राजधानी के निर्माण के पूरा होने के साथ नई दिल्ली का औपचारिक उद्घाटन 1931 में किया गया।

नई दिल्ली का आविर्भाव

नई दिल्ली लगातार विकसित होता रहा और जल्द ही भारत के राजनीतिक जीवन का स्नायु केंद्र बन गया। जब 1947 में भारत की आजादी के साथ ब्रिटिश शासन की समाप्ति हुई तो देश दो भागों—भारत और पाकिस्तान में बँट गया। व्यापक दंगा फैल गया और सीमा के दोनों ओर लूट और नरसंहार ने दिल्ली के नागरिकों को आघात दिया। यह उपद्रव तब शांत हुआ, जब महात्मा गांधी, स्वतंत्रता आंदोलन के अगुआ, ने 13 जनवरी, 1948 को आमरण अनशन शुरू कर दिया।

राजधानी क्षेत्र दिल्ली का आकार बढ़ता गया और राजनीति का केंद्र बिंदु बन गया। चुने हुए संसद् सदस्य और मंत्रीगण यहाँ रहने के लिए आए और नई संस्थाओं का नेटवर्क, जिन्हें तत्कालीन प्रधानमंत्री पंडित जवाहरलाल नेहरू ने बड़ी सावधानी के साथ विकसित किया था, अस्तित्व में आया। दिल्ली को पुराने भारत और नए भारत के प्रतीक के रूप में बतलाते हुए पंडितजी ने एक बार कहा था—

'यहाँ पड़े हुए पत्थर भी हमारे कानों में युगों की बात फुसफुसाते हैं और जिस हवा में हम साँस लेते हैं, वह पूर्व समय की धूल और सुगंध एवं साथ ही वर्तमान के ताजे और तीक्ष्ण झोंकों से भरी है। हम दिल्ली शहर में अच्छे और बुरे भारत का सामना करते हैं, जो कई साम्राज्यों की कब्रगाह रहा है और गणतंत्र का बागीचा है। कितनी अद्‌भुत कहानी है यहाँ। हमारे सदियों पुराने इतिहास की परंपरा हमें हर कदम पर घेरे हुए है और असंख्य चैनलों की शोभायात्रा हमारी आँखों के सामने से गुजरती है।'

पं. नेहरू का दिल्ली के प्रति स्नेह असीम था। उन्होंने भारत में ब्रिटिश सत्ता के पतन और समाप्त करने में योगदान देते हुए भी दिल्ली के विकास को देखा था। इस शहर के महत्त्व के बारे में उन्होंने एक बार टिप्पणी की थी—

'दिल्ली राज्य छोटा हो सकता है, किंतु इसमें न केवल भारत गणतंत्र की राजधानी समाहित है, बल्कि इससे भी अधिक महत्त्वपूर्ण यह है कि यह धूसर पुरावस्तु, जो बहुत प्रसिद्ध है, इतिहास और परंपरा की परतों और सांस्कृतिक अस्तित्व के लंबे इतिहास का शहर है। इस राज्य और इस महान् शहर की सेवा करना एक सौभाग्य की बात है।'

□

2

दिल्ली : एक संक्षिप्त विवरण

आज की दिल्ली

भूगोल

दिल्ली उत्तर भारत में स्थित है। भारतीय राज्यों के साथ इसकी सीमा उत्तर, पश्चिम और दक्षिण में हरियाणा तथा पूर्व में उत्तर प्रदेश के साथ लगती है। ब्रिटिश राज के दौरान दिल्ली पंजाब प्रांत का हिस्सा था और अभी भी ऐतिहासिक और सांस्कृतिक रूप से पंजाब से जुड़ा हुआ है। दिल्ली के भूगोल की दो प्रमुख विशेषताएँ यमुना बाढ़ क्षेत्र और दिल्ली पहाड़ी क्षेत्र है। यमुना नदी पंजाब और उत्तर प्रदेश के बीच एक ऐतिहासिक सीमा थी और इसका बाढ़ क्षेत्र कृषि के लिए उपयुक्त जलोढ़ मिट्टी को उर्वरतार प्रदान करता है, किंतु यहाँ बाढ़ की संभावना बनी रहती है। हिंदुओं के लिए पवित्र यमुना एक ऐसी नदी है, जो दिल्ली से होकर बहती है। यह नदी गाजियाबाद को शहर के पश्चिमी, उत्तर-पूर्वी और उत्तर-पश्चिमी भागों से अलग करती है।

जलवायु

दिल्ली गें अधिकांशत: मानसून के दौरान वर्षा होती है, जो ज़ुलाई से शुरू होकर सितंबर तक चलती है।

दिल्ली की जलवायु की एक विशेषता है कि यहाँ एक विशेष प्रकार की आर्द्र उपोष्णकटिबंधीय जलवायु है। गरमी का मौसम अप्रैल से जुलाई तक होता है, जिसमें औसत दैनिक तापमान 36 डिग्री से अधिक होता है। वर्ष का सबसे गरम समय मई-जून में होता है, जिसमें औसत अधिकतम तापमान 40 डिग्री से

अधिक और न्यूनतम तापमान 25 डिग्री से कम होता है। ठंड का मौसम मध्य दिसंबर से समाप्त होना शुरू होता है, जिस दौरान औसत अधिकतम तापमान 23 डिग्री से कम होता है। वर्ष का सबसे ठंडा दिन दिसंबर-जनवरी में होता है, जिस दौरान औसत न्यूनतम तापमान 7 डिग्री और अधिकतम तापमान 19 डिग्री होता है। मार्च की शुरुआत में हवा की दिशा उत्तर-पश्चिमी से परिवर्तित होकर दक्षिण-पश्चिमी दिशा हो जाती है। मार्च से लेकर मई तक मौसम गरम होता है। मानसून का आगमन जून के अंत में या जुलाई की शुरुआत में होता है और इसके साथ आर्द्रता में बढ़ोतरी होती है। हलकी गुलाबी ठंड की शुरुआत नवंबर के अंत में होती है और जनवरी में यह शीर्ष पर होती है एवं प्राय: इस दौरान भारी कोहरा छाया रहता है।

दिल्ली का तापमान 2.2 डिग्री से लेकर 48.5 डिग्री तक के बीच रहता है। वार्षिक औसत तापमान 25 डिग्री होता है; मासिक औसत तापमान 13 डिग्री से लेकर 32 डिग्री होता है। जुलाई के समय दर्ज सबसे अधिक तापमान 45 डिग्री होता है। औसत वार्षिक वर्षा लगभग 714 मिलीमीटर होती है, जो अधिकांशत: जुलाई और अगस्त के महीने में मानसून के दौरान होती है। दिल्ली में मानसून के आगमन की संभावित तिथि 29 जून है।

क्षेत्रफल

राष्ट्रीय राजधानी राज्य-क्षेत्र 1483 वर्ग किमी. तक फैला हुआ है। इसकी अधिकतम लंबाई 51.90 किमी. और अधिकतम चौड़ाई 48.48 किमी. है। 1483 वर्ग किमी. के क्षेत्र में से 369.35 वर्ग किमी. क्षेत्र को ग्रामीण क्षेत्र के रूप में और 1113.65 वर्ग किमी. क्षेत्र को शहरी क्षेत्र के रूप में निर्दिष्ट किया गया है। राष्ट्रीय राजधानी क्षेत्र में तीन स्थानीय निकाय हैं, नामत: दिल्ली नगर निगम (एम.सी.डी.), नई दिल्ली नगर पालिका (एन.डी.एम.सी.) और दिल्ली छावनी बोर्ड, जिनका सापेक्षिक क्षेत्रफल क्रमश: 1397.3 वर्ग किमी., 42.7 वर्ग किमी. और 43 वर्ग किमी. है। पूर्व एम.सी.डी. को अब तीन छोटे नगर निगमों में बाँट दिया गया है—उत्तरी दिल्ली, दक्षिणी दिल्ली और पूर्वी दिल्ली। 2011 की जनगणना के अनुसार एम.सी.डी. विश्व का सबसे बड़ा

नगर निगम निकाय है, जो लगभग 11 मिलियन लोगों को नागरिक सेवाएँ मुहैया करा रहा है।

दिल्ली के शहरी क्षेत्र में कुल जनसंख्या का 97 प्रतिशत है, जबकि केवल तीन प्रतिशत जनसंख्या ग्रामीण क्षेत्रों में है। दिल्ली के ग्रामीण और शहरी क्षेत्रों को बाँटनेवाली रेखा धीरे-धीरे मिट रही है। निकट भविष्य में वर्तमान तीन प्रतिशत की ग्रामीण जनसंख्या के शहरी क्षेत्र में मिल जाने की संभावना है और यह संपूर्ण शहर एक अत्यधिक शहरीकृत विकास केंद्र के रूप में परिवर्तित हो जाएगा।

जनसंख्या

यद्यपि दिल्ली राष्ट्रीय राजधानी राज्य क्षेत्र का भौगोलिक क्षेत्र इसके बनने के बाद से ही अपरिवर्तित रहा है, किंतु इसकी जनसंख्या लगातार बढ़ रही है। जब देश की राजधानी को सन् 1911 में कलकत्ता से दिल्ली लाया गया तो दिल्ली की जनसंख्या लगभग 4 लाख थी, जो 1941 में बढ़कर 9 लाख हो गई, किंतु अगले दशक (1941-51) में इसकी जनसंख्या दोगुनी होकर 17 लाख से अधिक हो गई, जिसका मुख्य कारण देश के विभाजन के कारण पाकिस्तान से लाखों शरणार्थियों का प्रवाह था।

उसके बाद दिल्ली की जनसंख्या बढ़ती गई और 1961 में 26 लाख हो गई, 1971 में 40 लाख, 1981 में 62 लाख, 1991 में 94 लाख और 2001 में 138 लाख हो गई। दिल्ली सरकार द्वारा प्रकाशित हाल के आँकड़े के अनुसार राष्ट्रीय राजधानी क्षेत्र की जनसंख्या 2011 में बढ़कर खतरनाक रूप से 1.68 करोड़ हो गई है।

नौ संघ शासित प्रदेशों यथा अंडमान-निकोबार, चंडीगढ़, दादरा और नगर हवेली, दमन और दीव, दिल्ली, लक्षदीप, पुदुचेरी, लद्दाख एवं जम्मू-कश्मीर में से दिल्ली की जनसंख्या सबसे अधिक है। यह अन्य संघ शासित प्रदेशों की कुल जनसंख्या से भी अधिक है।

अनुसूचित जातियों की जनसंख्या

167 लाख की कुल जनसंख्या में से अनुसूचित जाति के लोगों की संख्या

23 लाख से अधिक है। 1981 में इसकी जनसंख्या 11 लाख और 2001 में 17 लाख थी।

जनसंख्या घनत्व

दिल्ली में जनसंख्या घनत्व देश भर में सबसे अधिक है। 1981 में प्रति वर्ग किमी. 4,194 लोग थे। वर्ष 2001 की जनगणना के अनुसार यह आँकड़ा बढ़कर प्रति वर्ग किमी. 9,340 व्यक्ति हो गया। एक दशक के बाद 2011 की जनगणना के अनुसार जनसंख्या घनत्व खतरनाक स्तर तक पहुँचकर 11,320 व्यक्ति हो गया।

धर्म और भाषायी आधार पर जनसंख्या

दिल्ली एक लघु भारत है, क्योंकि विभिन्न भारतीय राज्यों से लोग आकर यहाँ रह रहे हैं, जो विभिन्न धर्मों को मानते हैं और विभिन्न भाषाओं को बोलते हैं।

यहाँ हिंदुओं की जनसंख्या का प्रतिशत 82.01 है और उसके बाद मुसलमान 11.72 प्रतिशत, सिख 4.01 प्रतिशत, जैन 1.12 प्रतिशत, ईसाई 0.94 प्रतिशत और बौध 0.17 प्रतिशत हैं।

81.13 प्रतिशत जनसंख्या हिंदी बोलनेवाली है। उसके बाद 7.16 प्रतिशत लोग पंजाबी बोलनेवाले, 6.33 प्रतिशत उर्दू बोलनेवाले और 1.051 प्रतिशत लोग बाँग्ला भाषा बोलनेवाले हैं।

आयु श्रेणी के अनुसार 50 प्रतिशत से अधिक जनसंख्या 15 से 45 वर्ष आयु वर्ग की है।

लिंगानुपात

यद्यपि भारत में लिंगानुपात प्रति हजार पुरुष पर 941 महिलाएँ हैं, दिल्ली में प्रति हजार पुरुष पर केवल 866 महिलाएँ हैं, तथापि 2001 में प्रति हजार पुरुष पर 821 महिलाओं के पूर्व आँकड़ों में कुछ सुधार हुआ है।

शिक्षा और साक्षरता

राष्ट्रीय राजधानी क्षेत्र में वर्तमान साक्षरता दर 86.20 प्रतिशत है और इसमें प्रत्येक दशक के बाद लगभग 5 प्रतिशत की बढ़ोतरी होती रही है। उदाहरण के लिए, 1971 में साक्षरता दर 56.61 प्रतिशत थी, जो 1981 में बढ़कर 61.54 प्रतिशत हो गई और 1991 में 85.29 प्रतिशत तथा 2001 में 81.67 प्रतिशत हो गई, तथापि दिल्ली के राष्ट्रीय राजधानी होने के बावजूद देश में कुछ ऐसे राज्य हैं, जहाँ शिक्षा की दर बहुत अधिक है यथा केरल (93.91 प्रतिशत), तमिलनाडु (92.28 प्रतिशत) और मिजोरम (91.58 प्रतिशत)। संघ शासित प्रदेशों में लक्षद्वीप की साक्षरता दर 92.28 प्रतिशत है, जो दिल्ली से अधिक है।

वर्ष 2011-2012 के दौरान कार्यरत कुल विद्यालयों (पूर्व प्राथमिक, प्राथमिक, मध्य, माध्यमिक, उच्चतर माध्यमिक विद्यालय) की संख्या 5122 थीं। वर्ष 2011-12 के दौरान विभिन्न स्तरों पर दाखिल बच्चों की कुल संख्या 41.45 लाख थी। इनमें से 18 लाख बच्चे प्राथमिक स्तर के छात्र थे। इसी अवधि में विभिन्न स्तरों और विद्यालयों में कार्यरत शिक्षकों की कुल संख्या 1.19 लाख थी।

स्वास्थ्य

दिल्ली में बेहतर स्वास्थ्य अवसंरचना है और इसमें लगातार विस्तार हो रहा है। 31 दिसंबर, 2012 की स्थिति के अनुसार अखिल भारतीय आयुर्विज्ञान संस्थान (एम्स) और पटेल चेस्ट संस्थान सहित 940 अस्पताल हैं, जिनमें कुल 43643 बेड हैं। इन अस्पतालों और चिकित्सा सुविधा केंद्रों को केंद्र सरकार और दिल्ली सरकार एवं एम.सी.डी., एन.डी.एम.सी., डी.एच.एस., सी.जी.एच.एस., ई.एस.आई. और श्रम मंत्रालय, रेल मंत्रालय व रक्षा मंत्रालय सहित विभिन्न एजेंसियों द्वारा चलाया जाता है। उनके द्वारा प्रदान की जानेवाली चिकित्सा सुविधाओं में एलोपैथी, आयुर्वेद और होम्योपैथी शामिल है। दिल्ली में 227 प्रसूति और बाल स्वास्थ्य देखभाल केंद्र और 1168 औषधालय कार्यरत हैं।

प्रति व्यक्ति आय

पिछले पाँच वर्ष की अवधि में दिल्ली की औसत विकास दर लगातार राष्ट्रीय औसत दर से अधिक है और यह कई राज्यों से अधिक है।

दिल्ली देश का सबसे अमीर राज्य है। दिल्ली में प्रति व्यक्ति वार्षिक आय देश में सबसे अधिक है। यह 15 वर्षों में पिछले 35,000 रुपए से बढ़कर 2012–13 में 2 लाख रुपए से अधिक हो गई है। वर्ष 2018–19 के दौरान सतत मूल्य की प्रति व्यक्ति आय का अनुमान 2,79,601 रुपए है, जो 6.44 प्रतिशत की वार्षिक वृद्धि के साथ है।

मनोरंजन

दिल्ली में 150 सिनेमाघर और मल्टीप्लेक्स हैं, जिनमें प्रतिदिन औसतन 514 शो दिखाए जाते हैं और 1.07 लाख लोग प्रतिदिन सिनेमा देखते हैं।

बजट

राष्ट्रीय राजधानी क्षेत्र का वार्षिक बजट बहुत अधिक है। वर्ष 2018–19 के लिए विधानसभा में प्रस्तुत बजट 50,000 करोड़ रुपए से अधिक है। यह आँकड़ा भारत के कई बड़े राज्यों के वार्षिक बजट से कहीं अधिक है।

परिवहन संबंधी सुविधा

दिल्ली मेट्रो प्रतिदिन 75,000 किमी. दौड़ती है और हर हफ्ते दिल्ली की समस्त जनसंख्या के बराबर यात्रियों को एक स्थान से दूसरे स्थान ले जाती है। मेट्रो में प्रतिदिन सफर करनेवाले लोगों की औसत संख्या 25 लाख है और अपनी शुरुआत से ही करोड़ों लोगों को एक स्थान से दूसरे स्थान पर ले जा चुकी है।

दिल्ली में सार्वजनिक परिवहन के दो प्रमुख संघटक हैं, यथा बस परिवहन और मेट्रो रेल। ये दो प्रमुख परिवहन प्रणालियाँ दिल्ली में सार्वजनिक परिवहन को सुकर बनाने में महत्त्वपूर्ण भूमिका अदा कर रही हैं। वास्तव में, दोनों प्रणालियाँ दिल्ली के लोगों की जीवन रेखा हैं। वर्तमान में दिल्ली मेट्रो में प्रतिदिन 25 लाख लोग सफर करते हैं। डी.एम.आर.सी. के चरण तीन, अतिरिक्त गलियारे और

एन.सी.आर. के विस्तार के अंतिम चरण के पूरा होने बाद मेट्रो रेल में सफर करनेवाले लोगों की संख्या में और बढ़ोतरी होने की आशा है, तथापि डी.टी.सी. और कलस्टर बसों में प्रतिदिन औसतन 43 लाख व्यक्ति सफर करते हैं। दिनांक 31.03.2018 तक दिल्ली में चरण एक, दो और तीन के तहत कुल 252 किमी. मेट्रो लाइन का काम पूरा हो गया और 31.12.2018 तक 327 किमी. मेट्रो लाइन का परिचालन हो रहा है। एन.सी.आर. विस्तार के साथ अतिरिक्त गलियारों सहित चरण तीन के लगभग 23 किमी. मेट्रो रेल का कार्य चल रहा है और विभिन्न चरणों में 2020 तक इसके परिचालन शुरू करने की आशा है। दिल्ली मेट्रो प्रतिदिन 75000 किमी. चलती है और हर हफ्ते दिल्ली की पूरी जनसंख्या के बराबर यात्रियों को एक स्थान से दूसरे स्थान तक ले जाती है।

मोटर वाहन

31 मार्च, 2018 तक राष्ट्रीय राजधानी राज्य क्षेत्र दिल्ली में सड़क पर चल रहे मोटर वाहनों की कुल संख्या 109.86 लाख थी, जिसमें पिछले वर्ष की तुलना में 5.81 प्रतिशत की बढ़ोतरी हो रही है। दिल्ली में मोटर वाहनों की श्रेणीवार संख्या को दरशानेवाला विवरण निम्नवत् है—

विवरण-1
वाहनों की संख्या

क्र. सं.	विवरण	वाहनों की संख्या		प्रतिशत बढ़ोतरी
		2016-17	2017-18	
1	कार और जीप	3152710	3246637	2.98
2	मोटर साइकिल और स्कूटर	6607879	7078428	7.12
3	एंबुलेंस	3059	3220	5.26
4	ऑटो रिक्शा (यात्री)	105399	113074	7.28
5	टैक्सी	118308	118060	-0.21

6	बस	35206	35285	0.22
7	अन्य यात्री वाहन*	59759	76231	27.56
8	ट्रैक्टर, सामान ढोनेवाले वाहन (सभी प्रकार के) और अन्य	300437	315080	4.87
	कुल	10382757	10986015	5.81

** इन आँकड़ों में ई-रिक्शा और मैक्सी कैब आदि शामिल हैं।*

विवरण में यह पाया जा सकता है कि वर्ष 2017-18 के दौरान दिल्ली में वाहनों की बढ़ोतरी दर 5.81 प्रतिशत दर्ज की गई है। इस अवधि के दौरान वाहनों की सबसे अधिक बढ़ोतरी अन्य यात्री वाहनों में देखी गई, जो वर्ष 2017-18 के दौरान 27.56 प्रतिशत थी। पिछले वर्ष की तुलना में वर्ष 2017-18 के दौरान वार्षिक वृद्धि दर सामान ढोनेवाले वाहनों और अन्य वाहनों में देखी गई, जो 4.87 प्रतिशत थी। एंबुलेंस के लिए यह वृद्धि दर 5.26 प्रतिशत और बसों के मामलों में 0.22 प्रतिशत है, तथापि टैक्सियों में 0.21 प्रतिशत की नकारात्मक वृद्धि देखी गई है।

दिल्ली में वाहनों की वार्षिक बढ़ोतरी में 2005-06 के 8.13 प्रतिशत से कम होकर 2017-18 में 5.81 प्रतिशत हो गई है। इसी अवधि के दौरान प्रति हजार जनसंख्या वाहनों की संख्या 317 से बढ़कर 598 हो गई है।

विवरण-2
प्रति हजार जनसंख्या में वाहनों की बढ़ोतरी

क्र. सं.	वर्ष	वाहन		वार्षिक वृद्धि (प्रतिशत)	प्रति हजार जनसंख्या पर वाहनों की संख्या
		संख्या	बढ़ोतरी		
1	2005-06	4830136	362982	8.13	317
2	2006-07	5232426	402290	8.33	337

3	2007-08	5627384	394958	7.55	356
4	2008-09	6026561	399177	7.09	374
5	2009-10	6466713	440152	7.30	393
6	2010-11	6947536	480823	7.44	415
7	2011-12	7452985	505449	7.27	436
8	2012-13	7785608	332783	4.46	446
9	2013-14	8258284	472676	6.07	465
10	2014-15	8827431	569147	6.89	491
11	2015-16	9704741	877310	9.94	530
12	2016-17	10382757	678016	6.99	556
13	2017-18	10986015	603258	5.81	598

दिल्ली भारत में व्यक्तिगत मोटरीकृत वाहनों का केंद्र है। दिल्ली में कुल मोटरीकृत वाहनों में 109.86 लाख कारें और जीप हैं, जो कुल पंजीकृत मोटरीकृत वाहनों का लगभग 30 प्रतिशत है, जबकि कुल पंजीकृत वाहनों में दोपहिया वाहनों का प्रतिशत लगभग 64 है। वर्ष 2017-18 के दौरान दिल्ली में वाहनों के प्रतिशत को विवरण तीन में निम्नवत् दरशाया गया है—

विवरण-3

क्र. सं.	विवरण	वाहनों की संख्या	
		2017-18	प्रतिशत
1	कार और जीप	3246637	29.55
2	मोटर साइकिल और स्कूटर	7078428	64.43
3	एंबुलेंस	3220	0.03
4	ऑटो रिक्शा	113074	1.03
5	टैक्सी	118060	1.07

6	बस	35285	0.32
7	अन्य यात्री वाहन*	76231	0.69
8	ट्रैक्टर, सामान ढोने वाले वाहन (सभी प्रकार के) और अन्य	315080	2.86
	कुल	10986015	100.00

□

3

दिल्ली के लिए राज्य का दर्जा : एक नजर

(I) अंबेडकर, नेहरू, पटेल, राजाजी : कोई भी राज्य का समर्थक नहीं; केंद्र-नियंत्रित हो दिल्ली

भारत के संविधान निर्माण के उद्देश्य से, संविधान सभा ने संसद् भवन के संवैधानिक हॉल (जिसे अब 'केंद्रीय कक्ष' कहा जाता है) में 9 दिसंबर, 1946 से नियमित रूप से बैठकें आयोजित करना शुरू किया। लगभग 3 वर्षों (2 वर्ष, 11 महीने और 18 दिन) के मैराथन प्रयास के बाद, संविधान को अंतिम रूप दिया गया और 26 नवंबर, 1949 को मंजूरी दी गई। तब से, 26 नवंबर को संविधान दिवस के रूप में मनाया जाता है, क्योंकि इसी दिन हम, भारत के लोगों ने संविधान को अपनाया, लागू किया, तथापि संविधान 26 जनवरी, 1950 से प्रभावी हुआ।

1947 में आयोजित संविधान सभा की बैठक में, जब केंद्र प्रशासित क्षेत्रों के लिए जवाबदेह प्रशासन देने का प्रश्न सामने आया, तो संविधान सभा को कठिन परिस्थितियों का सामना करना पड़ा कि उन क्षेत्रों और प्रदेशों को लोकतांत्रिक शासन कैसे प्रदान किया जाए, जिन्हें समान दर्जे के साथ पूर्ण राज्य नहीं बनाया जा सकता। इसका कारण यह था कि कई मामलों में ये क्षेत्र बहुत छोटे थे, जनसंख्या बहुत कम थी और संसाधन भी सीमित थे। इस तरह के अधिकांश प्रांतों को सीधे मुख्य आयुक्तों के माध्यम से प्रशासित किया जा रहा था। विषय पर बहस के दौरान, कई सदस्यों ने विचार व्यक्त किया कि उनमें से कुछ को

निकटवर्ती राज्यों में आसानी से विलय या समामेलित किया जा सकता है।

31 जुलाई, 1947 को, सदस्यों के सुझाव पर, संविधान सभा के अध्यक्ष ने पाँच केंद्रित प्रशासित क्षेत्रों में संवैधानिक परिवर्तनों की सिफारिश करने के उद्देश्य से डॉ. बी. पट्टाभि सीतारमैया की अध्यक्षता में 7 सदस्यीय समिति की नियुक्ति की। इन क्षेत्रों में दिल्ली का मुख्य आयुक्त प्रांत भी शामिल था।

समिति ने 21 अक्तूबर, 1947 को अपनी रिपोर्ट संविधान सभा के अध्यक्ष को सौंपी। विशेषकर दिल्ली के संबंध में, समिति ने सिफारिश की कि दिल्ली को एक उप-राज्यपाल, तीन सदस्यों की मंत्रिपरिषद् एवं 50 सदस्यीय निर्वाचित विधानसभा दे दी जाए और इसके पास प्रांतीय सूची और समवर्ती सूची के विषयों पर कानून बनाने की पूर्ण शक्ति हो।

समिति ने सिफारिश की, साथ-ही-साथ संसद् भी इन विषयों पर समवर्ती रूप से कानून बनाने में सक्षम हो।

लेकिन संविधान की प्रारूप समिति एवं डॉ. अंबेडकर इन सिफारिशों से सहमत नहीं थे, क्योंकि उनका मानना था कि राष्ट्रीय सरकार के मुख्यालय के संबंध में कानून बनाने की शक्ति केवल संघ की संसद् के पास ही विशिष्ट होनी चाहिए, जैसा कि दुनिया के कई संघीय देशों, जैसे संयुक्त राज्य अमेरिका, कनाडा, ऑस्ट्रेलिया इत्यादि में था। इस संबंध में स्थानीय विधायिका को शक्तियाँ प्रदान करने से संघीय राजधानी को एक प्रकार से स्थानीय प्रशासन के तहत रखा माना जाएगा और इसलिए डॉ. बी. पट्टाभि सीतारमैया की अध्यक्षतावाली संविधान समिति की सिफारिशों पर असहमति व्यक्त की।

पं. जवाहरलाल नेहरू ने भी पट्टाभि सीतारमैया समिति द्वारा की गई सिफारिशों पर आपत्ति व्यक्त की थी, जिसमें दिल्ली को एक अलग प्रांत बनाने का सुझाव दिया गया था। 1 अगस्त, 1949 को संविधान सभा में बोलते समय उन्होंने कहा था—

'...दो वर्ष पहले, इस सदन ने एक समिति (पट्टाभि सीतारमैया समिति) नियुक्त की थी, लेकिन जब उस समिति को नियुक्त किया गया था, तब से अब तक काफी बदलाव आ चुका है; दुनिया बदल गई है, भारत बदल गया है और दिल्ली भी बदल गई है। इसलिए दिल्ली में होनेवाले उन बड़े बदलावों

की परवाह किए बिना उस समिति की सिफारिश को मानना, वास्तविकता की अनदेखी कर निर्णय लेने जैसा होगा।'[1]

संविधान में उन्होंने दिल्ली के दर्जे को लेकर कोई निश्चित या ठोस प्रावधान न करने हेतु सदस्यों पर जोर देते हुए कहा कि—

'दिल्ली में स्थैतिक स्थिति नहीं है और यदि हम संविधान में कोई भी धारा लाते हैं तो हम उस स्थिति को और परिवर्तित करेंगे। इसलिए इस संबंध में ऐसा मार्ग अपनाया जाना चाहिए, जो भावी परिवर्तनों को सहने में सक्षम हो अर्थात् संविधान में निश्चित प्रावधानों की बजाय, इसे संसद् के अधिनियम द्वारा लाया जाना चाहिए।'[2]

पूर्व प्रधानमंत्री पं. जवाहरलाल नेहरू दिल्ली, प्रांत को पूर्ण राज्य का दर्जा देने पर सहमति तो दूर, बाल्कि दिल्ली को एक पृथक् प्रशासन या स्व-सरकार देने के भी इच्छुक नहीं थे। यह श्री महावीर त्यागी द्वारा संविधान सभा में की गई निम्नलिखित टिप्पणियों से स्पष्ट होता है—

'मुझे नहीं लगता कि पंडित नेहरू द्वारा दिए गए तर्क के पीछे कोई औचित्य है कि लगभग पूरी नई दिल्ली भारत सरकार की संपत्ति है तथा दिल्ली के लिए अलग सरकार की आवश्यकता नहीं है, यह क्या है ? मैं समझ नहीं सकता। यदि दिल्ली को लंदन या न्यूयॉर्क के रूप में माना जाए तो आप ऐसा कर सकते हैं। मैं समझ सकता हूँ, लेकिन लंदन में भी स्थानीय प्राधिकारी हैं और लोगों की प्रशासन में भागीदारी है, जबकि दिल्ली में लोगों की भागीदारी नहीं है। इन छोटे क्षेत्रों को उप-राज्यपाल के प्रांतों या मुख्य आयुक्त प्रांतों के रूप में रखने की बजाय, मैं चाहूँगा कि इन्हें पड़ोसी राज्यों के साथ मिला दिया जाए।'[3] 'यह निर्णय संविधान सभा को लेना है। वस्तुत: विधानसभा या संसद् के निर्णय को संविधान सभा के समान सम्मान नहीं मिलेगा, क्योंकि संसद् के निर्णय नियमत: पार्टी के निर्णय होते हैं। उनके पास इस सर्वदलीय सभा के निर्णयों के समान शक्ति नहीं हो सकती, क्योंकि प्रत्येक संसद् बहुमत पार्टी के वोट से चलती है।'[4]

1. संविधान सभा वाद-विवाद 1 अगस्त, 1949, पृष्ठ 82 (मूल वक्तव्य अंग्रेजी में)
2. वही
3. संविधान सभा वाद-विवाद 1 अगस्त, 1949, पृष्ठ 89
4. वही

इस मामले पर सरदार पटेल के विचार सदन में उत्तर प्रदेश के एक सदस्य (श्री इंद्र विद्यावाचस्पति) द्वारा दोहराए गए, जब उन्होंने कहा—

'दो वर्ष पहले जब दिल्ली के लिए स्वशासन का प्रश्न उठा था, तब मैंने माननीय गृहमंत्री सरदार पटेल से दिल्ली के लोगों के प्रतिनिधि के रूप में स्थिति के स्पष्टीकरण के लिए मुलाकात की थी। उन्होंने स्पष्ट शब्दों में दो बातों में स्थिति को व्यक्त किया। सबसे पहले, उन्होंने कहा, वे नई दिल्ली को दिल्ली के साथ नहीं जोड़ेंगे। दूसरा, वे मौजूदा स्थितियों के तहत दिल्ली में पूर्ण स्वशासन को स्वीकार नहीं करेंगे। मैं अपने विचारों को उनसे सहमत करता हूँ, क्योंकि मैं जानता हूँ कि सरदार पटेल एक ऐसे व्यक्ति थे, जो वही बोलते थे, जो वे सोचते थे। वे उन राजनीतिज्ञों में से एक नहीं थे, जो अनावश्यक सोचते थे; उन्होंने जो भी कहा, उचित विचार के बाद कहा। उन्होंने मुझे ये दो बातें बताईं और मैंने इस स्थिति को ही सही माना।'[5]

संविधान के लागू होने के बाद अगस्त 1951 में सरकार ने संसद् में भाग-ग राज्यों की सरकारें विधेयक पुरःस्थापित किया। इस विधेयक का उद्देश्य दिल्ली को 'ग' श्रेणी राज्य का दर्जा प्रदान करना और राजधानी शहर के प्रशासन को दिल्ली सरकार को सौंपना था।

राजधानी शहर का प्रशासन दिल्ली राज्य को सौंपने का विरोध करते हुए श्री सी. राजगोपालाचारी, (तत्कालीन गृह मंत्री) ने आपत्ति करते हुए कहा था कि—

'हम क्या सौंप रहे हैं? मैं अपने मूल शहर मद्रास को एक नई सरकार को सौंप सकता हूँ, लेकिन निश्चित रूप से मैं दिल्ली पूरे भारत की राजधानी, भारत गणराज्य की राजधानी और मतभेद राष्ट्रीय राजनीति में एक महत्त्वपूर्ण शहर को सौंपने से पहले संकोच करूँगा। हम इस शहर को एक नई सरकार को कैसे सौंप सकते हैं?'[6]

दिल्ली को केंद्र प्रशासित क्षेत्र के रूप में बनाए रखने की वकालत करते हुए राजाजी ने कहा—

---

5. प्रांत.संसद् भाग 'ग' राज्य विधेयक, 1951 संबंधी वाद-विवाद, पृष्ठ 1681
6. भाग 'ग' राज्य विधेयक, 1951 पृष्ठ 1650

'...श्री देशबंधु गुप्ता ने दिल्ली की संस्कृति का बहुत सही उल्लेख किया। उन्होंने मुझे एक बात बताई। मैं बताता हूँ, कैसे। दिल्ली की संस्कृति एक राजधानी शहर की संस्कृति है। इसके अतिरिक्त दिल्ली में ऐसा कुछ नहीं है, जिसका विशेष उल्लेख किया जाए। दिल्ली में वह सबकुछ अच्छा और उल्लेखनीय है, जो उस शासक से जुड़ा है, जो दिल्ली से शासन करता था। हम उस संस्कृति को बनाए रखना चाहते हैं। हम चाहते हैं कि दिल्ली का हर नागरिक यह महसूस करे कि वह शासकों के परिवार का है। यदि आप इसे एक स्थानीय विधानमंडल के तहत रखते हैं, तो शहर की संस्कृति टूट जाएगी...राजधानी शहर के नागरिक अपनी विशेष संस्कृति के हकदार हैं और उन्हें गर्व के साथ उस संस्कृति का दावा करना चाहिए और यह तभी पूरा हो सकता है, जब दिल्ली को केंद्रीय प्रशासित क्षेत्र बना रहने दिया जाए और 'ग' राज्य नहीं बनाया जाए।'[7]

राजाजी ने प्रस्तावित विधेयक में प्रदान किए गए सुरक्षोपायों अर्थात् पुलिस, भूमि, सार्वजनिक व्यवस्था, नगरपालिका कार्यों आदि को दिल्ली राज्य विधानसभा के दायरे के बाहर रखने को पर्याप्त न मानते हुए आगे कहा—

'सुरक्षोपायों को पर्याप्त बताया गया है। ये पर्याप्त नहीं हैं। हम सकारात्मक अधिकार चाहते हैं। संविधान यह अधिकार देता है कि प्रशासनिक अनुशासन विधायी अधिकार और अनुशासन के साथ होता है...इन ट्रस्ट बोर्डों को केंद्र सरकार के पास रखा जाना चाहिए। मेरे मन में कोई संदेह नहीं है कि पुलिस के आई.जी. से लेकर कॉन्सटेबल तक, पुलिस अधिकारियों के हर कॉन्सटेबल के अनुशासन को केंद्र सरकार के पास रखा जाना चाहिए, जब तक हम दिल्ली में रहना और काम करना चुनते हैं। अगर, संसद् सहमत नहीं है और अगर यह प्रशासन एक स्थानीय सरकार को सौंपना है, तो दिल्ली के सारे आकर्षण के बावजूद, मेरे मन में बिल्कुल भी संदेह नहीं है कि कुछ समय बाद भारत की केंद्र सरकार को यहाँ से किसी अन्य स्थान पर प्रवास करना होगा और वह इस प्रशासन के अधीन नहीं रहेगी।'[8]

---

7. भाग 'ग' राज्य विधेयक, 1951 पृष्ठ 1659
8. भाग 'ग' राज्य विधेयक, 1951 पृष्ठ 1662)

(II) संविधान सभा : दिल्ली प्रांत को स्वायत्तता अस्वीकार

संविधान के प्रारूप के बारे में चर्चा करने से पहले, संविधान सभा ने एक कठिन परिस्थिति का सामना किया कि उन क्षेत्रों और प्रदेशों में लोकतांत्रिक प्रशासन कैसे प्रदान किया जाए, जो समान अधिकारों के साथ पूर्ण राज्य नहीं हैं। कारण यह था कि कई मामलों में उनका क्षेत्र या जनसंख्या बहुत कम थी और संसाधन भी सीमित थे। इनमें से अधिकांश को सीधे मुख्य आयुक्तों के माध्यम से प्रशासित किया जा रहा था।

1 अगस्त,1949 को संविधान के प्रारूप पर बहस के दौरान जब अनुच्छेद 212 मुख्य आयुक्तों के प्रांतों की सरकारों से संबंधित विषय को लिया गया, तो सदस्यों को ऐसे मुख्य आयुक्त प्रांतों की भावी स्थिति और दर्जे के संबंध में अपने विचार व्यक्त करने और चर्चा करने का अवसर मिला। संविधान निर्माताओं के बीच आम सहमति यह थी कि दिल्ली संघीय सरकार की सीट थी, दिल्ली को प्रांतीय स्वायत्तता नहीं दी जा सकती थी।

दिल्ली की भावी स्थिति को लेकर संविधान सभा में सदस्यों के भाषणों के प्रासंगिक भागों, जिसमें उन्होंने अपने विचारों और सुझावों को प्रकट किया था,को यहाँ प्रस्तुत किया गया है—

श्री बृजेश्वर प्रसाद

"मुझे लगता है कि मुख्य आयुक्त प्रांतों में मौजूद प्रशासन की प्रणाली बहुत ही ठोस है और यथास्थिति में कोई बदलाव नहीं होना चाहिए। दिल्ली जैसे मुख्य आयुक्त प्रांत में प्रांतीय स्वायत्तता की बात करना हास्यास्पद है। मेरा मानना है कि ऐसा कोई कारण नहीं है कि केंद्र द्वारा सीधे शासित प्रांतों की संवैधानिक स्थिति में कोई बदलाव किया जाए।"[@]

श्री कृष्णामूर्ति राव

"दिल्ली के लिए केंद्र द्वारा प्रशासित के रूप में जारी रहने हेतु कुछ औचित्य हो सकता है,क्योंकि यह राजधानी है, लेकिन इन केंद्र शासित क्षेत्रों को

@ संविधान सभा वाद-विवाद 1 अगस्त, 1949, पृष्ठ 67-68

बढ़ाने का कोई औचित्य नहीं है। वास्तव में केंद्र सरकार दो क्षमताओं में काम करेगी—एक केंद्र सरकार के रूप में और दूसरी केंद्र शासित क्षेत्रों के लिए एक प्रांतीय सरकार के रूप में। मैं इसका केंद्र के लिए कोई औचित्य नहीं देखता, इन गैर-आर्थिक इकाइयों पर इतनी बड़ी रकम···"@@

सैयद मोहम्मद सादुल्ला (प्रारूप समिति के भी सदस्य)

"हमने इस सदन के सभा पटल पर ही आलोचना सुनी है कि भारत को बहुत छोटे क्षेत्रों और भागों में नहीं बाँटना चाहिए और उन्हें संघ की इकाइयों में परिवर्तित करना चाहिए। हमारे समक्ष इस तदर्थ समिति की सिफारिशें थीं, लेकिन हम हैरान थे कि हमें क्या करना चाहिए। उदाहरण के लिए दिल्ली को लें, इसकी आबादी 20 लाख है। अगर इसे एक अलग इकाई में बदल दिया जाए; और यह अलग नहीं हो सकती, परंतु मान लीजिए कि इसे जिला इकाई के रूप में पृथक् कर दिया जाता है और इससे उप-राज्यपाल का प्रांत या केंद्र के मतभेदगत रखा जाता है, तो ऐसी स्थिति में हम अन्य स्थानों के बारे में क्या करेंगे, जो केंद्र प्रशासित हैं···यदि हम दिल्ली को पृथक् उप-राज्यपाल प्रांत देते हैं, तो हम अजमेर, मेरवाड़ा, कुर्ग, अंडमान द्वीप को कैसे मना करेंगे। इसलिए, हमने यह सही सोचा कि इस मामले को बड़े निकाय-संविधान सभा द्वारा तय किया जाना चाहिए।"@@@

प्रो. शिब्बन लाल सक्सेना

"अध्यक्ष महोदय, इस अनुच्छेद (अनुच्छेद 212) में हम किन प्रांतों के लिए कानून बनाना चाहते हैं, यह जाने बिना हम मुख्य आयुक्त प्रांतों को सरकारें प्रदान कर रहे हैं। मुझे बताया गया है कि कुर्ग को मैसूर या मद्रास में मिला दिया जाएगा। इसी तरह अजमेर-मेवाड़ राजस्थान संघ में शामिल हो सकते हैं, तब केवल दिल्ली शेष रह जाएगा और मेरा मानना है कि दिल्ली के लिए पृथक् धारा आवश्यक है···भारत के किन हिस्सों में यह संविधान होगा, यह जाने बिना इसे पारित करना उचित नहीं होगा।"#

@@ प्रारूप संविधान पर चर्चा; संविधान सभा वाद-विवाद 9 नवंबर, 1948, पृ.67-68
@@@ वही
 # संविधान सभा वाद-विवाद 1 अगस्त, 1949, पृष्ठ 66

श्री विश्वनाथ दास

"जहाँ तक दिल्ली शहर का संबंध है, आप इसे ब्रिटिश संविधान की तर्ज पर रख सकते हैं और लंदन या अमेरिकी तर्ज के अनुसार दिल्ली के महानगर के लिए एक निगम बना सकते है, जो वांछनीय और आवश्यक है। इन परिस्थितियों में, मैं यह समझने में विफल हूँ कि आपको दिल्ली को एक छोटे से क्षेत्र में क्यों जोड़ना चाहिए, ताकि एक मशीनरी और विधानसभा, एक प्रीमियर और मंत्री और अन्य दर्जे के साथ इसे प्रांत कहा जा सके।"[##]

चौधरी रणबीर सिंह

"इन छोटे क्षेत्रों को अलग-अलग प्रांतों के रूप में बनाए रखना देश के लिए हानिकारक होगा। उदाहरण के लिए दिल्ली के मामले को लें। इसमें कोई संदेह नहीं है कि नई दिल्ली एक अलग समस्या प्रस्तुत करती है, क्योंकि यह केंद्र सरकार की सीट है, लेकिन पुरानी दिल्ली और दिल्ली के गाँवों को बनाए रखने के लिए, जो कि शायद 300 हैं, एक अलग प्रांत और एक भारी प्रशासन को बनाए रखना, यह देश के हित में नहीं है। नई दिल्ली को छोड़कर, शेष दिल्ली शहर और इसके गाँवों को पंजाब के साथ एकीकृत किया जाना चाहिए।"[$]

श्री आर.के. सिधवा

"दिल्ली के संबंध में, आप स्वयं को नियंत्रित करने के लिए इस बड़ी संख्या में लोगों के अधिकारों की उपेक्षा नहीं कर सकते। मैं यह समझने में असमर्थ हूँ कि जब हमने अपने संविधान के तहत खुद को शासित करने के लिए लोगों के सबसे पिछड़े वर्गों को अधिकार दिया है, तो हमें इन दोनों प्रांतों (अजमेर-मेरवाड़ा और दिल्ली) के लोगों को बताना चाहिए कि उनके पास एक लोकप्रिय सरकार नहीं हो सकती है। इसलिए, मैं बहुत दृढ़ता से महसूस करता हूँ कि संविधान को अजमेर-मेरवाड़ा और दिल्ली को किस प्रकार प्रशासित किया जाएगा, इस संबंध में स्पष्ट रूप से उल्लेख किए बिना पारित नहीं किया जाना चाहिए।"[$$]

संविधान सभा वाद-विवाद पृष्ठ 71

$ संविधान सभा वाद-विवाद 1 अगस्त, 1949, पृष्ठ 71

$$ संविधान सभा वाद-विवाद 1 अगस्त, 1949, पृष्ठ 72

श्री नजीरुद्दीन अहमद

"पुरानी और नई दिल्ली का हजारों वर्षों का इतिहास है और यह महान् भारत की सीट है। यहाँ बड़ी संख्या में राजदूत और विदेशी प्रतिनिधि हैं। संसद् की काररवाई यहीं होगी और बड़ी संख्या में सदस्य यहीं रहेंगे। सदस्यों की संख्या बनी रहेगी और यदि इन दो शहरों, पुरानी और नई दिल्ली को किसी पड़ोसी प्रांत से मिला दिया जाता है, तो हो सकता है कि सरकार की सीट हटा दी जाएगी और कठिनाई यह होगी कि केंद्र सरकार और उच्च विदेशी और स्थानीय अधिकारी और संसद् के सदस्यों को सेवाओं हेतु केंद्र से दूर एक प्रांतीय प्राधिकरण की ओर देखना अत्यधिक शर्मनाक होगा।"%

श्री मोहनलाल गौतम

"मैं सदन से अनुरोध करता हूँ कि दिल्ली से संबंधित प्रश्न पर विचार करते समय, उसे नई दिल्ली और दिल्ली के ग्रामीण इलाकों को अलग-अलग क्षेत्र मानना चाहिए''नई दिल्ली, जहाँ तीन-चौथाई संपत्ति भारत सरकार की है, जहाँ विदेशी दूतावास स्थित हैं, जो कि भारत सरकार की सीट है, को उप-राज्यपाल के एक छोटे प्रांत में शामिल नहीं किया जाना चाहिए। इसलिए मैं मानता हूँ कि नई दिल्ली को अलग किया जाना चाहिए और भारत सरकार के सीधे प्रशासन में रखना चाहिए और इसमें किसी को दखल का अधिकार नहीं होना चाहिए।"%%

रेव. डिसूजा

"नई दिल्ली और पुरानी दिल्ली को अलग नहीं किया जा सकता, क्योंकि ये न केवल व्यक्तिगत संपर्कों से, बल्कि भौगोलिक, व्यावसायिक और कई अन्य तरीकों से जुड़ी हुई हैं। यह पुरानी दिल्ली और नई दिल्ली की जरूरतों के कारण नहीं है, बल्कि केंद्रीय विधानमंडल, संसद् भवन, सचिवालय, राष्ट्रपति भवन और यहाँ विदेशी प्रतिनिधियों की उपस्थिति के कारण है। इसलिए ऐसी स्थिति में सरकार की उपस्थिति से, इस सदन और उनकी अन्य आश्रिता से

% संविधान सभा वाद-विवाद 1 अगस्त, 1949, पृष्ठ 100

%% संविधान सभा वाद-विवाद 1 अगस्त, 1949, पृष्ठ 91

दिल्ली शहर और उसके संसाधनों का प्रशासन केंद्र के नियंत्रण के बिना नहीं हो सकता।"^

श्री वी. गोपालस्वामी (प्रारूप समिति के भी सदस्य)

"हमें संघीय राजधानी में कतिपय मामलों पर पूर्ण नियंत्रण रखनेवाले केंद्र की आवश्यकता को स्वीकार करना चाहिए। यह नियंत्रण केंद्र किसी भी अधीनस्थ प्राधिकरण के साथ साझा नहीं करेगा।

"…हम चाहते हैं कि ये महत्त्वपूर्ण शक्तियाँ स्वयं हमारे पास रहें। हम सकारात्मक आदेश जारी करेंगे और उन आदेशों का पालन करना होगा। हम स्वयं को ऐसी स्थिति में नहीं रख सकते कि सुचारु प्रशासन करने का अधिकार किसी ओर के पास हो और हमारे पास केवल उन्हें खींचने का अधिकार हो। दोनों स्थितियाँ बिल्कुल अलग हैं। यदि ये स्थितियाँ इतनी अलग नहीं हैं, तो ऑस्ट्रेलिया, अमेरिका ने किया है और ओटावा के संबंध में कनाडा जो कर रहा है, वह बिल्कुल व्यर्थ होगा।"^^

सरदार रंजीत सिंह (पेप्पसु)

"यह निश्चित रूप से संभव है कि दिल्ली राज्य और केंद्र सरकार में अलग-अलग दल हो सकते हैं। उस संभावना को देखते हुए और किसी भी आकस्मिकता को पूरा करने के लिए यह वांछनीय है कि नई दिल्ली को केंद्र सरकार के नियंत्रण में रखा जाए। अन्य विषयों के संबंध में, मेरा निश्चित रूप से यह मत है कि दिल्ली के अनुभवी लोग और दिल्ली के व्यापारी इन अन्य विभागों को अभी की तुलना में अधिक कुशलता से चला सकते हैं।"&

श्री डी.डी. पंत

"मुझे यकीन है कि केंद्र सरकार राज्य सरकार की तुलना में दिल्ली को बेहतर तरीके से चलाने की स्थिति में होगी। इसलिए मेरा अनुरोध है कि भारत के

^भाग 'ग' राज्य सरकार विधेयक, 1951 पृष्ठ 1690

^^भाग 'ग' राज्य सरकार विधेयक, 1951 पृष्ठ 1708

& भाग 'ग' राज्य सरकार विधेयक, 1951 पृष्ठ,1702

सामूहिक मत से राजधानी का शासन करें ताकि यहाँ का प्रशासन अन्य राज्यों के अनुकरण हेतु आदर्श बन सके।"&&

श्री ठाकुर दास भार्गव

"जहाँ तक नई दिल्ली का संबंध है, नई दिल्ली को दूर क्यों नहीं ले जाते, नई दिल्ली को इस (दिल्ली) विधानमंडल के नियंत्रण में क्यों रखें? यह बेहतर होगा कि नई दिल्ली को एक अलग राज्य बनाया जाए, लेकिन अगर आप दिल्ली के लिए एक राज्य और विधानमंडल बनाना चाहते हैं, तो मुझे नहीं लगता कि इस तरह का विधानमंडल बनाना बुद्धिमानी होगी, जिसके पास उस स्थान के नागरिकों के दैनिक जीवन को प्रभावित करनेवाले सबसे महत्त्वपूर्ण मामलों के संबंध में न तो कोई नियंत्रण और न कोई शक्तियाँ हों।

"…16 अगस्त, 1947 को, मैं और अन्य लोग प्रधानमंत्री के पास पहुँचे और हमने कहा कि जहाँ तक पुरानी दिल्ली का संबंध है, यह पंजाब को दिया जा सकता है, क्योंकि यह पंजाब का पुराना हिस्सा है, लेकिन इस पर कभी सहमति नहीं बनी।"*

(III) संविधान सभा द्वारा दिल्ली एवं अन्य केंद्रीय प्रशासित प्रांतों में बदलाव का सुझाव देने हेतु नियुक्त विशेष समिति

संविधान सभा ने दिल्ली में 30 जुलाई, 1947 को हुई अपनी बैठक में प्रारूप संविधान के भाग viii पर चर्चा और विचार किया, जिसमें केंद्र द्वारा सीधे प्रशासित इन मुख्य प्रांतों संबंधी खंड मतभेद्विष्ट हैं। प्रारूप संविधान में डॉ. अंबेडकर की प्रारूप समिति ने सिफारिश की थी कि वर्तमान स्थिति को जारी रखा जाए और दिल्ली सहित इन मुख्य आयुक्त प्रांतों के प्रशासन में कोई भी बदलाव करने का प्रश्न, संघीय संसद् के अस्तित्व में आने के बाद किया जाए।

वाद-विवाद के दौरान एक सदस्य (श्री देशबंधु गुप्ता) ने इस संबंध में निम्नलिखित प्रस्ताव किया—

&&भाग 'ग' राज्य सरकार विधेयक, 1951 पृष्ठ,1705

** भाग 'ग' राज्य सरकार विधेयक, 1951 पृष्ठ 1464*

"कि संविधान के अध्यक्ष द्वारा 7 सदस्यों की एक विशेष समिति को नामित किया जाए, जो कि वे संविधान सभा के अगले सत्र से पहले मुख्य आयुक्त प्रांतों की प्रशासनिक व्यवस्थाओं में बदलाव के लिए उपयुक्त संवैधानिक बदलावों की सिफारिश करे ताकि बदली हुई परिस्थितियों के अनुसार निर्णय लिया जा सके और स्वतंत्र भारत के लोकतांत्रिक संविधान में उन्हें उचित स्थान दिया जा सके।"

कुछ चर्चा के उपरांत प्रस्ताव को मतदान और स्वीकृति के लिए रखा गया।

इस संकल्प में शामिल पाँच केंद्र प्रशासित क्षेत्र थे—

1. पंथ पिपलोदा, 2. अंडमान और निकोबार द्वीप समूह, 3. कुर्ग, 4. अजमेर-मेरवाड़ा और 5 दिल्ली।

संविधान सभा की इस विशेष समिति में निम्नलिखित सदस्य नियुक्त किए गए थे—

1. श्री पट्टाभि सीतारमैया (अध्यक्ष)
2. श्री.गोपालस्वामी अयंगर
3. श्री देशबंधु गुप्ता
4. श्री के.संथानम
5. श्री सी. एम. पुनाचा
6. श्री मुकुट बिहारी लाल भार्गव
7. श्री हुसैन इमाम

अगस्त और सितंबर 1947 के महीने में, समिति की बैठकें* हुईं, इस विषय पर चर्चा हुई और निर्णय लिया गया, जैसा कि नीचे काररवाई सारांश में दरशाया गया है—

भारत की संविधान सभा
सं.CA/92/संविधान/42
मुख्य आयुक्त प्रांतों की स्थिति

माननीय संविधान सभा के अध्यक्ष द्वारा 30 जुलाई, 1947 को केंद्र प्रशासित क्षेत्रों में संवैधानिक परिवर्तन की सिफारिश करने के उद्देश्य से नियुक्त

**स्रोत: भारत का राष्ट्रीय अभिलेखागार*

विशेष समिति की 21 अगस्त को कमरा नंबर 35 काउंसिल हाउस, नई दिल्ली में आयोजित बैठक की काररवाई का सारांश।

उपस्थित—

1. डॉ. बी.पट्टाभि सीतारमैया
2. श्री सी.एम. पुनाचा
3. श्री मुकुट बिहारी लाल भार्गव
4. श्री देशबंधु गुप्ता
5. श्री के.संथानम

6 श्री एन.गोपालस्वामी अयंगर

(इस समिति में डॉ. बी. सीतारमैया को अध्यक्ष चुना गया)

विशेष समिति ने पाँच केंद्रीय प्रशासित क्षेत्रों की संवैधानिक स्थिति का एक संक्षिप्त सर्वेक्षण किया, अर्थात् पंथ पिपलोदा, अंडमान और निकोबार द्वीप समूह, कुर्ग, अजमेर-मेरवाड़ा और दिल्ली और निम्नलिखित निर्णय लिये—

(1) पंथ पिपलोदा (साढ़े दस गाँवों से बना पंथ पिपलोदा) की अवस्थिति को ध्यान में रखते हुए समिति ने सिफारिश की कि इसे अजमेर-मेरवाड़ा प्रांत का हिस्सा बनाना चाहिए।

(2) अंडमान और निकोबार द्वीप समूह को प्रशासनिक मशीनरी में यथा आवश्यक परिवर्तनों के साथ भारत सरकार द्वारा प्रशासित किया जाना जारी रखा जाए।

(3) कुर्ग, अजमेर-मेरवाड़ा और दिल्ली, इन तीन मुख्य आयुक्त प्रांतों के संवैधानिक परिवर्तनों के संबंध में इन्हें लघु प्रांतों के रूप में नागित किया जाना चाहिए—विशेष रागिति चाहती थी कि कार्यालय आवश्यक सामग्री एकत्र करे, जैसे कि अद्यतन प्रशासन रिपोर्ट, वित्तीय विवरण, इन प्रांतों की वित्तीय स्थिरता संबंधी ज्ञापन और इनका वर्तमान राजनीतिक ढाँचा।

कार्यालय को 25 अगस्त, 1947 से पहले विशेष समिति के सदस्यों को इस सामग्री की प्रतियाँ जारी करने के लिए कहा गया था।

विशेष समिति 26 अगस्त अपराह्न 3:00 बजे तक के लिए स्थगित हुई।

—(उपसचिव)

(मूल अंग्रेजी में)

काउंसिल हाउस
नई दिल्ली
28 अगस्त, 1947

विशेष समिति के सभी सदस्यों हेतु

माननीय संविधान सभा के अध्यक्ष द्वारा 30 जुलाई, 1947 को केंद्र प्रशासित क्षेत्रों में संवैधानिक परिवर्तन की सिफारिश करने के उद्देश्य से नियुक्त विशेष समिति की, 1 सितंबर, 1947 को कमरा नंबर 30, काउंसिल हाउस, नई दिल्ली में आयोजित बैठक का काररवाई सारांश।

उपस्थित—

1. डॉ. बी.पट्टाभि सीतारमैया, अध्यक्ष
2. श्री सी.एम. पुनाचा
3. पंडित मुकुट बिहारी लाल भार्गव
4. श्री के.संथानम
5. श्री हुसैन इमाम
6. श्री एन. गोपालस्वामी अयंगर
7. लाला देशबंधु गुप्ता

उपस्थिति में

1. श्री जुगल किशोर खन्ना, उपसचिव, समिति ने अजमेर-मेरवाड़ा, कुर्ग और दिल्ली के मुख्य आयुक्त प्रांतों के वर्तमान राजनीतिक ढाँचे और प्रशासन का एक विस्तृत सर्वेक्षण किया, जिसे एतद् उपरांत लघु प्रांत के रूप में संदर्भित

किया जाएगा और उन आँकड़ों का निर्धारण किया, जिनके आधार पर इन प्रांतों के भविष्य को प्रस्तावित किया जाना था।

(क) केंद्र की इन प्रांतों में सुशासन और वित्तीय शोधन क्षमता के लिए एक विशेष जिम्मेदारी होनी चाहिए,

(ख) इन क्षेत्रों के छोटे आकार और संसाधनों की कमी के कारण इन लघु प्रांतों में प्रशासन के मानक को बृहद् प्रांतों के मानक तक पहुँचाने की आवश्यकता है,

(ग) पार्टी सरकार के पूर्ण कामकाज के संबंध में सीमित कार्यक्षेत्र है।

श्री एन. गोपालस्वामी अयंगर के सुझाव पर समिति ने इस प्रश्न पर विचार किया कि क्या दिल्ली प्रांत के मामले में पुरानी और नई दिल्ली को शेष क्षेत्र से अलग कर, इसे सीधे संघीय सरकार के अधीन रखा जाना चाहिए और क्या शेष क्षेत्र आसानी से पूर्वी पंजाब में नहीं जोड़े जा सकते, जो असामान्य रूप से छोटा प्रांत बन गया है। समिति को इस तथ्य का भी सामना करना पड़ा कि भारत सरकार फेडरेशन की राजधानी की सीट के लिए एक अलग क्षेत्र बनाना पसंद करेगी। समिति ने अंततः दिल्ली प्रांत को अक्षुण्ण रखने और केंद्र को कुछ विशेष अधिकार देने का निर्णय लिया।

समिति ने श्री एन. गोपालस्वामी अयंगर द्वारा तैयार किए गए ज्ञापन पर खंडवार चर्चा की और निम्नलिखित निष्कर्ष* पर पहुँची—

1. (i) इनमें से प्रत्येक छोटे प्रांत का अपना विधानमंडल होना चाहिए।

(ii) विधानमंडल के चुनावों की अवधि, मताधिकार और अन्य सामान्य प्रावधान प्रमुख प्रांतों के लिए संविधान सभा द्वारा अपनाई गई तर्ज पर होंगे, सिवाय इसके कि विधानमंडल (एक सदन) में विभिन्न प्रादेशिक निर्वाचन क्षेत्रों का प्रतिनिधित्व प्रत्येक 5,000 लोगों के लिए एक से अधिक प्रतिनिधि नहीं करेगा, कुर्ग के लिए अधिकतम 33, अजमेर-मेरवाड़ा के मामले में 15,000 लोगों के लिए अधिकतम 40 और दिल्ली के मामले में 20,000 लोगों के लिए अधिकतम 50।

** स्रोत : राष्ट्रीय अभिलेखागार, भारत सरकार*

2. प्रांतीय विधानमंडल के पास संघीय विषयों के लिए कानून बनाने की शक्ति नहीं होगी और नए संविधान में प्रांतीय और समवर्ती दोनों सूचियों के लिए अभिप्रेत विषयों को इन छोटे प्रांतों के संबंध में समवर्ती माना जाएगा। इन सभी विषयों के संबंध में इन प्रांतों के लिए संघीय विधानमंडल द्वारा बनाए गए सभी कानून, प्रांतीय विधानमंडल द्वारा पारित कानूनों पर अधिभावी होंगे। इस प्रकार समवर्ती सूची में सभी संघीय कानून लागू होंगे।
3. प्रांतीय विधानमंडल द्वारा अपनी पहल पर पारित सभी कानून फेडरेशन के अध्यक्ष की सहमति से लागू होंगे। प्रमुख प्रांतों के समान ही सहमति के लिए 6 सप्ताह की सामान्य समय सीमा लागू होगी।

कार्यपालिका

4. इन प्रत्येक छोटे प्रांतों के लिए, प्रमुख प्रांत के गवर्नर की तर्ज पर एक प्रमुख होगा। उन्हें उप-राज्यपाल का पद दिया जा सकता है। उन्हें फेडरेशन के अध्यक्ष द्वारा नियुक्त किया जाएगा और वह उनके प्रति जवाबदेह होगा, हालाँकि वह अपने मंत्रियों की सलाह पर कार्य करेगा। किसी भी महत्त्वपूर्ण मुद्दे पर उसके और मंत्रियों के बीच मतभेद के मामले में, इस मामले को फेडरेशन के अध्यक्ष के पास भेजा जाएगा। जिसका निर्णय अंतिम और सर्वमान्य होगा।

(ii) उप-राज्यपाल के मामले में पद और पद से हटाने का आधार वैसा ही होगा, जैसा संविधान सभा द्वारा अपनाए गए मॉडल प्रांतीय संविधान के सिद्धांतों में दिया गया है।

5. इनमें मंत्रिपरिषद् होगी, बशर्ते कि प्रत्येक प्रांत हेतु इनकी संख्या तीन से अधिक न हो। श्री एन. गोपालस्वामी अयंगर ने सुझाव दिया कि उन्हें उसी तरह से चुना जाना चाहिए, जैसे कि प्रमुख प्रांतों में मंत्री चुने जाते हैं, बशर्ते कि वे फेडरेशन के अध्यक्ष के नियंत्रण

में हों। उन्होंने यह भी सुझाव दिया कि मंत्रियों को सामूहिक रूप से विधानमंडल के प्रति जवाबदेह होना चाहिए। श्री के. संथानम ने दक्षिण अफ्रीका के कार्यकारी मॉडल को अपनाने का समर्थन किया। उन्होंने इन छोटे प्रांतों के लिए हटाई न जाए सकनेवाली कार्यपालिका का भी समर्थन किया।

समिति ने उपरोक्त योजनाओं में कार्यपालिका सरकार की प्रणाली के बारे में और इसके प्रभावों पर विस्तार से चर्चा की। श्री एन. गोपालस्वामी अयंगर की योजना के अनुसार, प्रांत के लिए एक जवाबदेह मंत्रालय होगा, बशर्ते कि जब गवर्नर और उनके मंत्रियों के बीच किसी भी मुद्दे पर मतभेद होगा, तो ऐसे मामले को फेडरेशन के राष्ट्रपति को भेजा जाएगा। श्री संथानम द्वारा चलाई गई अन्य योजना दक्षिण अफ्रीकी संविधान के मॉडल पर थी, जिसमें कार्यकारी परिषद् के सदस्यों को विधानमंडल द्वारा चुना जाना था और यह विधानमंडल के पूर्ण कार्यकाल के लिए हटाई न जा सकनेवाली कार्यपालिका के रूप में कार्य करेगी। कानून के सभी मामलों में विधानमंडल का निर्णय अंतिम होगा, बशर्ते कि राष्ट्रपति द्वारा इसे परिवर्तित न किया जाए। प्रशासन के मामलों में राज्यपाल और मंत्रियों की कार्यपालिका, विधानमंडल को नियंत्रित करेगी।

श्री गोपालस्वामी अयंगर, लाला देशबंधु गुप्ता और श्री मुकुट बिहारी लाल भार्गव ने पहली योजना का समर्थन किया, जबकि श्री के. संथानम, सी.एम. पुनाचा और हुसैन इमाम ने दूसरी योजना का समर्थन किया। डॉ. पट्टाभि (अध्यक्ष) ने दक्षिण अफ्रीकी प्रांतीय मॉडल के बाद एक निश्चित कार्यपालिका का पक्ष लिया।

न्यायपालिका

6. (i) कुर्ग के मामले में उच्च न्यायालय की शक्ति का प्रयोग मद्रास उच्च न्यायालय द्वारा किया जाएगा।

(ii) दिल्ली और अजमेर-मेरवाड़ा के लिए दिल्ली में एक उच्च न्यायालय स्थापित किया जाएगा, जिसका दोनों प्रांतों पर मूल और साथ ही

अपीलीय क्षेत्राधिकार होगा। इस उच्च न्यायालय के न्यायाधीशों को बड़े प्रांतीय उच्च न्यायालयों के समान ही नियुक्त किया जाएगा।

(iii) इन तीनों छोटे प्रांतों में न्यायपालिका को शेष प्रांतों के समान ही नियुक्त किया जाएगा।

प्रांतीय सेवाएँ

7.(i) इन तीनों प्रांतों में उच्चतर नियुक्तियों हेतु अखिल भारतीय प्रशासनिक सेवा की भर्ती में भी प्रावधान किया जाएगा।

(ii) इन तीनों प्रांतों में उपर्युक्त तरीके से भर्ती किए गए सेवाकार्मिकों के आपस में स्थानांतरण के लिए प्रावधान किया जाएगा।

श्री एन. गोपालस्वामी अयंगर प्रारूप के शेष खंडों पर चर्चा को 30 सितंबर, 1947 तक के लिए स्थगित किया जाता है।

—जुगल किशोर खन्ना

उपसचिव

17 सितंबर, 1947 को समिति के एक सदस्य श्री देशबंधु गुप्ता ने समिति के सचिवालय को निम्नलिखित पत्र लिखा, जिसमें समिति की अगली बैठक की तारीख का सुझाव दिया गया।

श्री देशबंधु गुप्ता
संविधान सभा सदस्य

5, कैनिंग रोड
नई दिल्ली
17 सितंबर, 1947

महोदय,

मुझे आपका दिनांक 5 सितंबर, 1947 का पत्र प्राप्त हुआ, जिसमें 1 सितंबर, 1947 को आयोजित मुख्य आयुक्तों से संबंधित समिति की बैठक के कार्यवृत्त को संलग्न किया गया है, चूँकि इस सभा के अगले सत्र को एक महीने या अधिक के लिए स्थगित कर दिया गया है, तो क्या मैं सुझाव दे सकता हूँ कि 30 सितंबर को प्रस्तावित समिति की अगली बैठक को भी 30 अक्तूबर या सदस्यों की सुविधा अनुसार किसी अन्य तारीख तक के लिए स्थगित कर दिया जाए।

आपका

उपसचिव
भारत की संविधान सभा
नई दिल्ली

17 अक्तूबर, 1947 को समिति सचिवालय के नीचे दिए गए पत्र को पुनः जारी किया गया, जिसमें समिति अध्यक्ष को संविधान सभा के माननीय अध्यक्ष से प्राप्त पत्र में रिपोर्ट प्रस्तुति के लिए 24 अक्तूबर, 1947* तक समय प्रदान करने की जानकारी दी गई थी।

** स्रोत : राष्ट्रीय अभिलेखागार, भारत सरकार।*

भारत की संविधान सभा

सं. CA/92/संविधान/47

(क्रम सं. 46)

17 अक्तूबर, 1947

डॉ. बी. पट्टाभि सीतारमैया
अध्यक्ष, मुख्य आयुक्त प्रांत विशेष समिति,
19, कैनिंग लेन, नई दिल्ली

महोदय,

मैं सूचित करना चाहता हूँ कि माननीय संविधान सभा के अध्यक्ष ने समय बढ़ाने की कृपा की है। मुख्य आयुक्त प्रांत विशेष समिति की रिपोर्ट प्रस्तुत करने के लिए समय को बढ़ाकर 24 अक्तूबर, 1947 कर दिया गया है, जैसा कि आपका अनुरोध था।*

भवदीय
उपसचिव

(IV) विशेष समिति द्वारा दिल्ली को राज्य (प्रांत) का दर्जा प्रदान किए जाने की सिफारिश

संविधान सभा की 7 सदस्यीय समिति (पट्टाभि सीतारमैया समिति) ने 21 अक्तूबर, 1947 को अपनी रिपोर्ट संविधान सभा के अध्यक्ष को प्रस्तुत की। समिति ने दिल्ली के मुख्य आयुक्त प्रांत के लिए राष्ट्रपति द्वारा एक उप-राज्यपाल को नियुक्त करने, मुख्यमंत्री की अध्यक्षता में उप-राज्यपाल को सलाह और परामर्श देने के लिए मंत्री परिषद् तथा एकल चैंबरवाली निर्वाचित

** स्रोत : राष्ट्रीय अभिलेखागार, भारत सरकार*

विधानसभा की सिफारिश की। विधानसभा को प्रांतीय और समवर्ती सूची में विषयों के संबंध में कानून बनाने की शक्ति दी गई थी। 21 अक्तूबर, 1947 को संविधान सभा के अध्यक्ष को प्रस्तुत की गई रिपोर्ट का पाठ इस प्रकार था—

21 अक्तूबर, 1947

अध्यक्ष
भारत की संविधान सभा
नई दिल्ली

महोदय,

हम, आपके द्वारा 30 जुलाई, 1947 को संविधान सभा द्वारा अपनाए गए प्रस्ताव के अनुसार पाँच केंद्र प्रशासित क्षेत्रों अर्थात् पंथ पिपलोदा, अंडमान और निकोबार द्वीप समूह, कुर्ग, अजमेर-मेरवाड़ा और दिल्ली में संवैधानिक परिवर्तनों की सिफारिश करने के उद्देश्य से नियुक्त समिति के सदस्य, हमारी रिपोर्ट और अनुबंध की प्रति प्रस्तुत करते हैं। हमने अंतिम तीन उल्लिखित प्रांतों के लिए संविधान का आधार जवाबदेह सरकार के सिद्धांतों को माना है, हालाँकि हमने बड़े प्रांतों के संबंध में सभा द्वारा अपनाए गए प्रावधानों में कुछ संशोधन किए हैं। अपने प्रस्तावों को तैयार करने से पहले हमने इन प्रांतों की स्थिति के बारे में, उनके भूगोल, वित्तीय स्थिति और इन क्षेत्रों में सरकार की मौजूदा प्रणाली के काम करने के संबंध में विचार किया।

2. पंथ पिपलोदा मध्य सेंट्रल इंडिया एजेंसी में मालवा में, केवल 10 1/2 गाँवोंवाला एक छोटा सा भाग है। इसके छोटे आकार और सुदूर अवस्थिति के मद्देनजर, हमने सिफारिश की है कि इसे अजमेर-मेरवाड़ा प्रांत का हिस्सा बनाना चाहिए। यह कदम पंथ पिपलोदा के कुछ प्रभावशाली नागरिकों द्वारा भी सुझाया गया था।

बंगाल की खाड़ी में द्वीपों के समूह—अंडमान और निकोबार द्वीप समूह, जो अब भूतकालिक सूचीबद्ध बस्तियाँ नहीं हैं, हम सिफारिश करते हैं कि उन्हें भारत सरकार द्वारा प्रशासित किया जाना जारी रखना चाहिए और उनके

प्रशासनिक तंत्र में यथा आवश्यक परिवर्तन किए जाएँ।

3. कुर्ग, अजमेर-मेरवाड़ा और दिल्ली के तीन मुख्य आयुक्त प्रांतों के लिए किसी भी संवैधानिक परिवर्तन की सिफारिश करने से पहले, जिसे हम उप-राज्यपाल प्रांतों के रूप में नामित करने का प्रस्ताव रखते हैं, हमने निम्नलिखित आवश्यक बातों को ध्यान में रखा—

(क) कि केंद्र की इन प्रांतों में सुशासन और वित्तीय शोधन क्षमता के लिए एक विशेष जिम्मेदारी होनी चाहिए,

(ख) कि इन क्षेत्रों के छोटे आकार और संसाधनों की कमी के कारण इन लघु प्रांतों में प्रशासन के मानक को बृहद् प्रांतों के मानक तक पहुँचाने की आवश्यकता है,

हमारे द्वारा लिये गए महत्त्वपूर्ण निर्णयों में से हैं—

1. इन तीनों प्रांतों में से प्रत्येक को भारतीय संघ के राष्ट्रपति द्वारा नियुक्त उप-राज्यपाल के अधीन कार्य करना चाहिए।
2. इन प्रांतों में से प्रत्येक को अन्य प्रांतों की तरह विधानमंडल के लिए जिम्मेदार मंत्रिपरिषद् द्वारा प्रशासित किया जाना चाहिए, लेकिन उप-राज्यपाल और मंत्रालय के बीच किसी महत्त्वपूर्ण मामले पर मतभेद की स्थिति में इसे भारतीय संघ के राष्ट्रपति को अंतिम निर्णय के लिए भेजा जाना चाहिए।
3. इनमें से प्रत्येक प्रांत में एक निर्वाचित विधानमंडल होगा, जो अन्य प्रांतीय विधानमंडलों की तरह कार्य करे, सिवाय इसके

(क) संघीय विधानमंडल के पास इन प्रांतों के मामले में, प्रांतीय सूची में शामिल विषयों के संदर्भ में विधान बनाने की समवर्ती शक्ति होगी।

(ख) प्रांतीय विधानमंडल द्वारा पारित सभी कानूनों के लिए संघ के राष्ट्रपति की सहमति की आवश्यकता होगी।

(ग) प्रांतीय विधानमंडल द्वारा मतदान किए जाने के बाद प्रांत के बजट को लागू करने से पूर्व संघ के राष्ट्रपति के अनुमोदन की आवश्यकता होगी।

4. हम उन परिस्थितियों से पूरी तरह अवगत हैं, जिनमें 1912 में दिल्ली प्रांत का गठन किया गया था। हम संघ की राजधानी के रूप में दिल्ली के विशेष महत्त्व को भी समझते हैं, हालाँकि हमारा मत है कि भारत के महानगरवाले प्रांत के लोगों को अपने देश के गाँवों में रहनेवाले लोगों के समान स्व-शासन के अधिकार से वंचित नहीं किया जाना चाहिए। हमने, तद्नुसार दिल्ली प्रांत को अजमेर-मेरवाड़ा और कुर्ग के बराबर रखा और पहले से बताई गई सीमाओं के अधीन जवाबदेह सरकार बनाने की सिफारिश की है। हमारी विस्तृत सिफारिशें इस रिपोर्ट के अनुलग्नक में दी गई हैं।

आपका

—डॉ. बी. पट्टाभि सीतारमैया, अध्यक्ष

श्री एन. गोपालस्वामी अयंगर

लाला देशबंधु गुप्ता

श्री के. संथानम

श्री सी.एम. पुनाचा

पंडित मुकुट बिहारी लाल भार्गव

समिति के सदस्य

डॉ. बी. पट्टाभि सीतारमैया समिति रिपोर्ट का अनुलग्नक
उप-राज्यपाल के प्रांत

पंथ पिपलोदा, कुर्ग सहित दिल्ली अजमेर-मेरवाड़ा और ऐसे अन्य प्रांतों को उप-राज्यपाल के प्रांतों के रूप में नाम निर्दिष्ट किया जाएगा।

प्रांतीय कार्यपालिका

2. प्रत्येक प्रांत में एक उप-राज्यपाल होगा, जिसे संघ के राष्ट्रपति द्वारा नियुक्त किया जाएगा।
3. संविधान अधिनियम के अनुसार राज्यपाल द्वारा कार्य ग्रहण करने

से पूर्व घोषणा, पदावधि की शर्तें, नियुक्ति, पुनः नियुक्ति हेतु अर्हता, पदावधि संबंधी उपबंध यथासंभव उप-राज्यपाल के मामले में भी प्रयोज्य होंगे। राष्ट्रपति द्वारा उन्हें राज्यपाल पर महाभियोग की प्रक्रिया अनुसार ही पद से हटाया जा सकता है।

4.(i) प्रांत के कार्यकारी प्राधिकार को उप-राज्यपाल में निहित किया जाएगा और इसे उनके द्वारा सीधे या उनके प्राधिकार के तहत काम करनेवाले व्यक्तियों द्वारा प्रयोग किया जा सकता है।

(ii) उप-राज्यपाल के पास बड़े प्रांतों के समान ही किसी अपराध के दोषी व्यक्ति की सजा को रद्द करने, माफ या बदलने की शक्ति होगी।

(iii) इस खंड में कुछ भी संघ के राष्ट्रपति या प्रांतीय विधानमंडल को अधीनस्थ अधिकारियों को शक्तियाँ प्रत्यायोजित करने से नहीं रोकेगा।

प्रांतीय मामलों का प्रशासन

5. (i) मुख्यमंत्री की अध्यक्षता में एक मंत्री परिषद् होगी, जो उप-राज्यपाल को उसके कार्य निर्वहन हेतु सलाह और परामर्श देगी, सिवाय तब, जब उसे इस कार्य के तहत या इस संविधान के तहत अपने कार्यों के निर्वहन हेतु स्वविवेक का प्रयोग आवश्यक हो। संघ के राष्ट्रपति की स्वीकृति के बिना मंत्रियों की संख्या तीन से अधिक नहीं होगी।

(ii) किसी भी मुद्दे पर उप-राज्यपाल और उसके मंत्रियों के मध्य विचार मतभेद की स्थिति में इसे संघ के राष्ट्रपति को संदर्भित किया जाएगा, जिसका निर्णय अंतिम होगा और प्रांत पर बाध्यकारी होगा।

6. राज्यपालों के प्रांतों में मंत्रियों के वेतन निर्धारण, नियुक्ति, बर्खास्तगी और संबंधित संविधान अधिनियम के प्रावधान, यथासंभव उप-राज्यपालों के प्रांतों में भी प्रयोज्य होंगे।

विधानपालिका

7. उप-राज्यपालों के प्रत्येक प्रांत के लिए एक चैंबरवाला विधानमंडल होगा, जिसे विधानसभा कहा जाएगा। यह निर्वाचित सदस्यों का सदन होगा।
8. सभा के निर्वाचित सदस्यों की पदावधि, मताधिकार और अन्य सामान्य प्रावधान प्रमुख प्रांतों के लिए संविधान सभा द्वारा अपनाई गई तर्ज पर होंगे, सिवाय इसके कि सभा में विभिन्न प्रादेशिक निर्वाचन क्षेत्रों का प्रतिनिधित्व प्रत्येक 5,000 लोगों के लिए एक से अधिक प्रतिनिधि नहीं करेंगे, कुर्ग के लिए अधिकतम 33, अजमेर-मेरवाड़ा के मामले में 15,000 लोगों के लिए अधिकतम 40 और दिल्ली के मामले में 20,000 लोगों के लिए अधिकतम 50।
9. प्रांतीय विधानसभा के पास संघीय विषयों के लिए कानून बनाने की शक्ति नहीं होगी और नए संविधान में प्रांतीय और समवर्ती, दोनों सूचियों के लिए अभिप्रेत विषयों को इन छोटे प्रांतों के संबंध में समवर्ती माना जाएगा। इन सभी विषयों के संबंध में इन प्रांतों के लिए संघीय विधानसभा द्वारा बनाए गए सभी कानून, प्रांतीय विधानसभा द्वारा पारित कानूनों पर अधिभावी होंगे।
10. प्रांतीय विधानसभा द्वारा पारित कानूनों को संघ के राष्ट्रपति की सहमति की आवश्यकता होगी।
11. राज्यपालों के प्रांतों में विधानसभा के सत्रावसान और विघटन, राज्यपाल के अभिभाषण और संदेश भेजने के अधिकार, सदस्यों के निर्वाचन और इनके वेतन निर्धारण संबंधी संविधान अधिनियम के प्रावधान उप-राज्यपालों के प्रांतों के मामले में समान रूप में प्रयोज्य होंगे।
12. प्रांतीय विधानसभाओं में सदस्यों द्वारा घोषणा करने, सीटों की रिक्ति, सदस्यों की अयोग्यता, उनके विशेषाधिकारों और प्रतिरक्षा, वेतन और भत्तों से संबंधित संविधान अधिनियम के प्रावधान, यथासंभव उप-राज्यपालों के प्रांतों में लागू होंगे।

13. प्रांतीय विधानसभाओं में उपयोग की जानेवाली भाषा से संबंधित संविधान अधिनियम के प्रावधान इन प्रांतों के मामले में यथासंभव लागू होंगे।

प्रशासनिक आपातकाल

14. यदि किसी भी समय संघ के राष्ट्रपति महसूस करते हैं कि प्रांत की सरकार इन प्रावधानों के अनुसार कार्य नहीं कर रही है, तो उनके पास इन व्यवस्थाओं को व्यवस्थित करने की शक्ति होनी चाहिए, प्रशासन को अपने हाथों में लेना चाहिए और इसे संचालित करने के लिए ऐसे अन्य प्रावधान करने चाहिए, जो वे आवश्यक समझें। इस शक्ति का प्रयोग संघीय विधानपालिका द्वारा प्रशासनिक आपातकाल के दौरान राज्यपालों के प्रांत में आपात स्थिति के मामले में रिपोर्ट और नियंत्रण से संबंधित सामान्य प्रावधानों के अधीन होगा।

न्यायपालिका

15. (i) कुर्ग के मामले में उच्च न्यायालय की शक्ति का प्रयोग मद्रास उच्च न्यायालय द्वारा किया जाएगा।

(ii) दिल्ली और अजमेर-मेरवाड़ा के लिए दिल्ली में एक उच्च न्यायालय स्थापित किया जाएगा, जिसका दोनों प्रांतों पर मूल और साथ ही अपीलीय क्षेत्राधिकार होगा। इस उच्च न्यायालय के न्यायाधीशों को बड़े प्रांतीय उच्च न्यायालयों के समान ही नियुक्त किया जाएगा।

प्रांतीय सेवाएँ

16. (i) इन तीनों प्रांतों में उच्चतर नियुक्तियों हेतु अखिल भारतीय प्रशासनिक सेवा की भर्ती में भी प्रावधान किया जाएगा।

(ii) इन तीनों प्रांतों में उपर्युक्त तरीके से भर्ती किए गए सेवाकार्मिकों के आपस में स्थानांतरण के लिए प्रावधान किया जाएगा।

संघीय विधानमंडल में प्रतिनिधित्व

17. संघीय विधानपालिका के सदनों हेतु प्रतिनिधित्व के आधार के संबंध में संघीय संविधान की शर्तों के अनुरूप इन प्रत्येक तीनों छोटे प्रांतों को संघीय विधान पालिका के दो सदनों में प्रतिनिधित्व के प्रयोजनों हेतु संघ की एक इकाई माना जाएगा।

मुख्य आयुक्तों के प्रांत

18. (i) अंडमान और निकोबार द्वीपसमूह और ऐसे अन्य निर्दिष्ट क्षेत्र मुख्य आयुक्तों के प्रांत होंगे।

(ii) अंडमान और निकोबार द्वीप समूह को प्रशासनिक मशीनरी में यथा आवश्यक परिवर्तनों के साथ भारत सरकार द्वारा प्रशासित किया जाना जारी रखा जाए।

श्री मुकुट बिहारी लाल भार्गव और श्री सी.एम. पुनाचा द्वारा मुख्य आयुक्तों की प्रांतीय संविधान समिति की रिपोर्ट के लिए अतिरिक्त नोट।

हम, अजमेर-मेरवाड़ा और कुर्ग का प्रतिनिधित्व करनेवाले सदस्य इस रिपोर्ट पर हस्ताक्षर करने के कारण, इन दो प्रांतों के भविष्य के संबंध में इस अतिरिक्त नोट को संलग्न करना आवश्यक समझते हैं।

क्षेत्र के छोटे आकार, भौगोलिक स्थिति, संसाधनों की कमी से उत्पन्न विशेष समस्याएँ, जिन्हें जटिल प्रकृति की प्रशासनिक समस्याएँ कहा जा सकता है, भविष्य में इन क्षेत्रों में से प्रत्येक को किसी सन्निहित इकाई में शामिल करने की आवश्यकता को पुष्ट नहीं करती हैं। इसलिए हमें लगता है कि इन क्षेत्रों के लोगों की इच्छाओं का पता लगाने के बाद इस तरह के संघ को संभव बनाने के लिए संविधान के इस अध्याय में एक विशिष्ट प्रावधान किया जाना चाहिए। इसमें कोई संदेह नहीं है कि हमारा ध्यान केंद्रीय संविधान समिति की रिपोर्ट के खंड 3 की ओर आकर्षित किया गया था, जिसे अभी संविधान सभा द्वारा अपनाया जाना है, जिसमें एक प्रांत के निर्माण, एक प्रांत की सीमाओं को बदलने, इत्यादि संबंधी कुछ प्रावधान हैं, लेकिन संविधान समिति की रिपोर्ट के प्रस्तावित खंड 3 का ध्यानपूर्वक अध्ययन करने के बाद हमें लगता है कि यह

बहुत ही प्रतिबंधात्मक प्रकृति का है और किसी राज्य या राज्यों के समूह के साथ किसी भारतीय प्रांत को शामिल करने पर विशेष रूप से विचार नहीं करता है। अजमेर-मेरवाड़ा की स्थिति को ध्यान में रखते हुए, जो राजपूताना राज्यों द्वारा सभी तरफ से घिरा हुआ है, इस तरह का खंड अजमेर-मेरवाड़ा को अलग-थलग कर देगा और अजमेर-मेरवाड़ा के लोग किसी भी समय इसके खिलाफ निर्णय ले सकते हैं। तद्नुसार, हम संविधान सभा से संविधान के इस अध्याय में एक उपयुक्त प्रावधान को शामिल करने का आग्रह करते हैं ताकि इन क्षेत्रों में से प्रत्येक के लिए एक सन्निहित इकाई में शामिल होना संभव हो सके।

(V) दिल्ली के लिए स्व-सरकार हेतु कांग्रेस पार्टी का अभियान

संविधान की प्रारूप समिति, पट्टाभि सीतारमैया समिति की सिफारिशों से सहमत नहीं थी जिसने दिल्ली के लिए लोकतांत्रिक प्रशासन और लगभग राज्य का दर्जा प्रदान करने की सिफारिश की थी, दिल्ली प्रांतीय कांग्रेस कमेटी, (वर्तमान में दिल्ली प्रदेश कांग्रेस कमेटी) ने सदन के अंदर और बाहर, दोनों जगह बड़े पैमाने पर अभियान चलाया, ताकि संविधान सभा पर दबाव डाला जा सके कि दिल्ली की स्थिति को केंद्र प्रशासित क्षेत्र की बजाय स्व-सरकार में बदल दिया जाए। सदन के अंदर, कई सदस्यों ने विशेष रूप से श्री देशबंधु गुप्ता, श्री ठाकुर दास भार्गव, श्री महावीर त्यागी और कुछ अन्य लोगों ने दिल्ली के लोगों की ओर से इसका समर्थन किया।

सदन के बाहर, दिल्ली प्रांतीय कांग्रेस कमेटी ने बैठकें, सम्मेलन आयोजित कर जनता की राय लेनी शुरू कर दी और दिल्ली की जनता को स्व-सरकार देने के लिए संविधान सभा पर दबाव डालना प्रारंभ कर दिया।

तदुपरांत, संविधान सभा सचिवालय को संपूर्ण दिल्ली से बड़ी संख्या में आर.डब्ल्यू.ए., नागरिक मंच, व्यापारी संघों, शैक्षिक संस्थान, नगर समितियों, व्यावसायिक समूहों, सामाजिक और राजनीतिक संगठनों से बड़ी संख्या में अनुरोध और प्रतिवेदन प्राप्त हुए।

12 नवंबर, 1948 को कांग्रेस पार्टी की पहल पर दिल्ली में एक नागरिक सम्मेलन का आयोजन किया गया तथा ज्ञापन तैयार और स्वीकार किया गया।

श्री राधारमण की अध्यक्षता में दिल्ली प्रांतीय कांग्रेस कमेटी के सचिव चौधरी ब्रह्म प्रकाश ने संविधान सभा को निम्नलिखित पत्र द्वारा ज्ञापन, संकल्प इत्यादि भेजे।

दिल्ली प्रांतीय कांग्रेस कमेटी
अजमेरी गेट

माननीय अध्यक्ष,
भारत की संविधान सभा,
नई दिल्ली

महोदय,

मैं दिल्ली की जनता की ओर से दिल्ली प्रांत को एक स्वशासी इकाई का दर्जा देने के लिए और दिल्ली प्रांत और दिल्ली के नागरिकों के सम्मेलन में अपनाए गए संकल्प और ज्ञापन को प्रस्तुत कर रहा हूँ, जो कि श्री शंकरराव देव महासचिव, अखिल भारतीय कांग्रेस कमेटी द्वारा आयोजित किया गया था और इसकी अध्यक्षता दिल्ली नगरपालिका समिति के अध्यक्ष डॉ. युद्धवीर सिंह ने की और 10 स्थानीय निकायों द्वारा प्रतिनिधित्व किया गया था, मुख्य आयुक्त सलाहकार परिषद्, 100 व्यापार संघ, विभिन्न व्यवसायों का प्रतिनिधित्व करती 20 संस्थाएँ, 12 श्रमिक संघ, कई शैक्षणिक संस्थान और कई अन्य राजनीतिक और सामाजिक संगठन शामिल हैं।

दिल्ली के लोगों को आप पर और संविधान सभा के सदस्यों पर पूरा भरोसा है कि आप उनके अधिकार के साथ न्याय करेंगे और भारत के नए संविधान में इनकी माँगों को यथासंभव न्याय और विश्वास प्रदान करेंगे।

आपका

—ब्रह्म प्रकाश
महासचिव

(स्रोत : राष्ट्रीय अभिलेखागार, भारत सरकार।)

(i) दिल्ली के लिए लोकतांत्रिक संस्थानों की माँग हेतु 12.11.48 को दिल्ली के नागरिकों के अभिसमय में स्वीकार किए गए संकल्प का पाठ

दिल्ली प्रांत के निवासियों के इस अभिसमय की दृढ़ता से राय है कि दिल्ली प्रांत की स्थिति, जो अब तक केंद्र प्रशासित क्षेत्र बना हुआ है, को अन्य प्रांतों जैसी अपेक्षित लोकतांत्रिक संस्थाओं के साथ एक आत्मनिर्भर इकाई के रूप में उभारा जाना चाहिए, ताकि दिल्ली के लोगों के लिए स्वतंत्रता के कुछ मायने हो सकें।

यह अभिसमय यह नोट कर निराश है कि संवैधानिक परिवर्तनों के सुझाव के लिए संविधान सभा द्वारा नियुक्त विशेष समिति की उदारवादी और सर्वसम्मत सिफारिशों को स्वीकार नहीं किया गया, जो कि जानबूझकर किया गया है। स्वशासन के सिद्धांत के आधार पर दिल्ली प्रांत की विशेष स्थिति के मद्देनजर कतिपय सीमा के मतभेदगत दिल्ली प्रांत के लिए एक स्वशासी इकाई की स्थिति की सिफारिश की गई थी।

यह अभिसमय उक्त समिति की सिफारिशों का समर्थन करता है और दिल्ली प्रांत के संबंध में प्रस्तावित संविधान में निम्नलिखित प्रावधानों को शामिल करने की माँग करता है।

1. दिल्ली प्रांत में एक उप-राज्यपाल नियुक्त किया जाए और वह भारतीय संघ के राष्ट्रपति के प्रति जवाबदेह होगा। उस पर प्रमुख प्रांतों के राज्यपालों के लिए प्रबंधित सभी नियम लागू होंगे।
2. उप-राज्यपाल को प्रांत के प्रशासन में मंत्रियों की एक परिषद् द्वारा सहायता प्रदान की जाएगी, जो प्रांतीय विधानमंडल के लिए जवाबदेह होगी।
3. प्रांतीय विधानमंडल में एक एकल चैंबर होगा, जिसे विधानसभा के रूप में जाना जाएगा और इसके सदस्यों की संख्या अधिकतम 50 होगी।
4. उप-राज्यपाल और मंत्रियों के बीच किसी महत्त्वपूर्ण मामले पर मतभेद की स्थिति में, जो संघ के हित के लिए पूर्वग्रही हो, तो इसे

संघ के राष्ट्रपति को संदर्भित किया जाएगा, जिसका निर्णय अंतिम होगा और सभी सदस्यों पर बाध्यकारी होगा।

5. मंत्रियों और प्रांतीय विधानमंडल प्रमुख प्रांतों के सदस्यों को नियंत्रित करनेवाले सभी नियम और कानून दिल्ली प्रांत की विधानसभा के सदस्यों पर भी लागू होंगे।
6. प्रांतीय सभा द्वारा पारित सभी कानूनों को भारतीय संघ के राष्ट्रपति की सहमति की आवश्यकता होगी।
7. केंद्रीय विधानमंडल का सभी विषयों पर समवर्ती अधिकार क्षेत्र होगा।
8. दिल्ली प्रांत के लिए एक उच्च न्यायालय स्थापित किया जाएगा।
9. दिल्ली प्रांत की अपनी सेवाएँ होंगी, जो प्रांत निवासियों द्वारा नियंत्रित होंगी।
10. केंद्रीय विधानमंडल के निचले सदन में दिल्ली प्रांत के तीन प्रतिनिधि और ऊपरी सदन में एक प्रतिनिधि होगा।
11. भारत सरकार की दिल्ली प्रांत के लिए अच्छी सरकार और हितों के प्रति विशेष जवाबदेही है, जो प्रांत की वित्तीय शोधन क्षमता के लिए जवाबदेही होगी और यथावश्यक वित्तीय सहायता प्रदान करेगी।

यह अभिसमय आशा करता है कि दिल्ली के लोगों की उपरोक्त माँग को जनमत के सभी वर्गों का समर्थन है और जिसे 1927 से समय-समय पर आगे रखा गया है और जो अपनी काफी समय से लंबित आकांक्षाओं को व्यक्त करता है, उसे संविधान सभा द्वारा स्वीकार किया जाएगा और इस प्रकार दिल्ली प्रांत निकट भविष्य में लोकतांत्रिक रूप से शासित इकाई बन जाएगा।

दिल्ली प्रांत को एक स्वशासन इकाई का दर्जा देने हेतु दिल्ली की जनता की माँग संबंधी ज्ञापन की प्रति

प्रस्तावना

स्वतंत्र भारत के लिए संविधान बनाने का कार्य अंतिम चरण में पहुँच गया है केंद्र-प्रशासित क्षेत्रों की संवैधानिक स्थिति में बदलाव की सिफारिश करने के लिए संविधान सभा द्वारा नियुक्त समिति ने अपनी रिपोर्ट संविधान सभा को सौंप दी है। अब समय आ गया है कि दिल्ली के लोगों की माँग, कि उनके प्रांत को स्वशासी इकाई बनाया जाए, को देश और संविधान सभा के सदस्यों के समक्ष रखा जाए। यह कभी नहीं सोचा गया था कि दिल्ली के लोगों को अपने मामले को उठाना पड़ेगा, जो इतना न्यायपूर्ण और निष्पक्ष हो और जिसमें उनकी लंबे समय से लंबित आकांक्षाएँ निहित हैं। यह उम्मीद की गई थी कि जब सबसे छोटे गाँव में रहनेवाले उनके देशवासियों को भी स्व-सरकार के अधिकार का आनंद मिल रहा है, तो जवाबदेह सरकार के लिए दिल्ली प्रांत के लोगों की माँग को उचित माना जाएगा, लेकिन दिल्ली के लोगों की आस्था और निराशा को दूर करने हेतु दिल्ली प्रांत को एक स्वशासी इकाई बनाने के लिए प्रारूप संविधान में कोई प्रावधान नहीं है। इसलिए वे अपने मामले को संविधान सभा के सदस्यों के लिए नए सिरे से प्रस्तुत कर रहे हैं।

दिल्ली प्रांत की संवैधानिक स्थिति का संक्षिप्त इतिहास और इसकी वर्तमान स्थिति*

वर्ष 1912 में दिल्ली को एक मुख्य आयुक्त प्रांत बनाया गया था। इससे पहले दिल्ली, पंजाब का एक हिस्सा था और इस तरह पंजाब प्रांतीय परिषद् में वापस जाने के लिए अधिकृत था। यदि यह मोंटफोर्ड सुधारों के आगमन के बाद पंजाब का हिस्सा बना रहा होता, तो यह अपने प्रतिनिधि को प्रांतीय विधानमंडल और राज्य परिषद् में वापस करने की स्थिति में होता, लेकिन 1912

** मूल पाठ अंग्रेजी में*

में एक अलग प्रांत के रूप में इसके गठन के बाद से 1919 तक यह किसी भी विधायिका में प्रतिनिधित्व के बिना रहा।

इस तथ्य को सरकार, लॉर्ड चेम्सफोर्ड और मॉन्टेग्यू के संज्ञान में लाया गया था और बाद में भारतीय राष्ट्रीय कांग्रेस द्वारा संयुक्त संसद्रीय समिति के समक्ष उठाया गया था, जिसके परिणामस्वरूप दिल्ली को केंद्रीय सभा में एक सीट आवंटित की गई थी।

परंतु विधानसभा में इस प्रतिनिधित्व के बावजूद दिल्ली के लोगों को अपने प्रांत के प्रशासन में किसी भी तरह का हिस्सा नहीं दिया गया, यहाँ तक कि विधानसभा में भी दिल्ली के हितों और समस्याओं की हमेशा उपेक्षा की गई। प्रायः दिल्ली से सबंधित जो संकल्प केंद्रीय विधानमंडल में सभापटल पर रखे गए, उन्हें अस्वीकार किया गया।

प्रशासन के संबंध में, दिल्ली मुख्य आयुक्त के तहत एक केंद्र प्रशासित क्षेत्र के रूप में, निरंकुशता का एक शानदार उदाहरण बना रहा। यद्यपि 1935 के सुधारों के बाद, अन्य प्रांतों को संसद्रीय संस्थाओं के साथ स्वशासी इकाइयाँ दी गईं, दिल्ली को एक मुख्य आयुक्त द्वारा शासित किया जाता रहा। भारत सरकार के सौतेले बच्चे होने के नाते और प्रशासनिक सेवाओं के लिए पड़ोसी प्रांतों के अधिकारियों के ऋण पर निर्भर रहने के कारण दिल्ली शहर कभी भी अपनी सेवाओं में सर्वश्रेष्ठ व्यक्तियों को शामिल नहीं कर सका। इसकी कोई प्रांतीय सेवा नहीं थी और इसके युवाओं के लिए कोई अवसर उपलब्ध नहीं था। पड़ोसी प्रांतों ने हमेशा भेदभाव किया और दिल्ली के उम्मीदवार हर जगह नुकसान में थे।

उच्च न्यायालय की अनुपस्थिति के कारण वादियों को बड़ी असुविधा का सामना करना पड़ा और स्थानीय बार के सक्षम और प्रतिभाशाली सदस्यों के पास कानूनी पेशे की ऊँचाई तक पहुँचने की संभावना काफी कम थी। लाहौर में उच्च न्यायालय का स्थान और इसके बाद शिमला को हटा दिया जाना, दिल्ली की वादी जनता और कानूनी पेशे दोनों के लिए अलाभकारी रहा।

दिल्ली के लोगों को हमेशा यह उम्मीद थी कि स्वतंत्रता के बाद ये अलाभकारी स्थितियाँ दूर हो जाएँगी। अब, जब देश स्वतंत्र है और अन्य सभी प्रांतों को लोकतांत्रिक रूप से शासित किया जा रहा है, यहाँ तक कि ऐसे राज्य,

जो अब तक प्रतिक्रिया और निरंकुशता के गढ़ थे, में भी लोगों ने प्रतिनिधि संस्थाओं का आनंद लेना शुरू कर दिया है। दिल्ली के लोगों की आकांक्षाएँ स्वाभाविक रूप से और अधिक बढ़ती जा रही हैं। उनके लिए यह समझना असंभव है कि केवल उन्हें ही अपने राज्य के प्रशासन में हिस्सेदारी से क्यों वंचित रखा गया है। यदि स्वतंत्रता का दिल्ली के लोगों के लिए कोई अर्थ है, तो यह दिल्ली प्रांत की संवैधानिक स्थिति को बढ़ाने के लिए आवश्यक है।

संभावित आपत्तियाँ

कुछ लोगों द्वारा यह तर्क दिया जा सकता है कि दिल्ली भारतीय संघ सरकार की सीट है और इसे स्वशासी इकाई नहीं बनाया जा सकता। यदि दिल्ली को एक स्वशासी इकाई बना दिया गया, तो यह संघ अधिकारियों के साथ विवाद में आ सकता है। वाशिंगटन और कैनबरा की स्थिति को इन दोनों राज्यों के महानगर पर संबंधित संघीय विधानमंडलों के विशिष्ट विधान क्षेत्राधिकार के उदाहरण के रूप में उद्धृत किया जा सकता है, लेकिन इन उदाहरणों की कोई महत्ता नहीं है, क्योंकि वाशिंगटन, दिल्ली के विपरीत, सिर्फ एक राजनयिक शहर है, जिसे जानबूझकर अमेरिका की राजधानी बनाया गया था, कैनबरा भी एक बहुत छोटा शहर है, जिसकी आबादी केवल कुछ हजारों में है।

इन उदाहरणों के विपरीत कनाडा, दक्षिण अफ्रीका संघ, सोवियत संघ और स्विट्जरलैंड में से किसी भी देश की राजधानी केंद्र शासित क्षेत्र नहीं हैं।

ओटावा कनाडा डोमिनियन का केंद्र है, लेकिन ओंटारियो प्रांत की राजधानी भी है और यह केंद्र शासित शहर नहीं है। दक्षिण अफ्रीका संघ की विधायी राजधानी केपटाउन और प्रशासनिक राजधानी ट्रांसवाल के प्रीटोरिया में है, ये दोनों ही उनकी संबंधित प्रांतीय सरकारों की सीटें हैं, इस प्रकार ये लोकतांत्रिक रूप से शासित हैं। मॉस्को, आर.एस.एफ.एस.आर. का भाग है, जो संघ के घटक गणराज्यों में से एक है और सोवियत संघ के प्रत्यक्ष प्रशासनिक अधिकार के मतभेदगत नहीं है। बर्न केंटन को किसी अन्य केंटन के समान ही स्व-शासन का अधिकार है।

लेकिन यदि केवल केंद्र और प्रांत के बीच संघर्ष का खतरा एक प्रादेशिक

इकाई को विधायी और कार्यकारी स्वतंत्रता देने के खिलाफ पर्याप्त तर्क है, तो वर्तमान प्रांतों को लोकतांत्रिक संस्थानों को अस्वीकार करना आसान होना चाहिए था, जो ब्रिटिश से विरासत में मिली प्रशासनिक इकाइयाँ हैं। ऐसा प्रतीत होता है कि इसके विपरीत कई तर्कों के बावजूद संघ को नए संविधान के रूप में इस कारण से अपनाया गया है कि यह सरकार का अधिक लोकतांत्रिक स्वरूप है, दिल्ली प्रांत को सभी विधायी और कार्यकारी स्वतंत्रता से वंचित किया जाना चाहिए।

हम मानते हैं कि दिल्ली प्रांत की स्थितियाँ अजीब हैं, लेकिन इन सभी शर्तों को विशेष समिति ने सिफारिशें करते समय विधिवत् रूप से ध्यान में रखा। इस संबंध में यह याद किया जा सकता है कि शिमला पंजाब की ग्रीष्मकालीन राजधानी रही है, लेकिन इस तरह की कोई भी समस्या कभी नहीं उठी।

दूसरी आपत्ति यह हो सकती है कि दिल्ली आत्मनिर्भर प्रांत नहीं है। इस संबंध में यह सिर्फ उल्लेख किया जा सकता है कि सिंध और एन.डब्ल्यू.एफ. हमेशा घाटे वाले प्रांत थे और उन्हें केंद्र सरकार की ओर से सरकारी अनुदान दिए गए थे।

निष्कर्ष

यह आशा की जाती है कि संविधान सभा के सदस्य ज्ञापन पर विचार करेंगे और स्वतंत्रता आंदोलन में कंधे-से-कंधा मिलाकर लड़नेवाले इन लगभग दो मिलियन लोगों को सरकार के लोकतांत्रिक रूप से वंचित नहीं करेंगे।

यह इंगित करने की आवश्यकता नहीं है कि वाशिंगटन या कैनबरा के विपरीत दिल्ली, देश के सबसे प्राचीन शहरों में से एक है और इसका शानदार इतिहास और एक अविस्मरणीय और शानदार अतीत है। इसने अनेक साम्राज्यों के उत्थान और पतन को देखा है और इसकी अपनी स्वयं की संस्कृति और विरासत है। यह एक प्रसिद्ध वाणिज्यिक और औद्योगिक महत्त्व का शहर है और तेजी से विस्तार कर रहा है, दिल्ली प्रांत में 574 वर्ग मील का क्षेत्र है और इसमें 350 गाँव हैं। देश की आजादी में इसका विशेष योगदान है। इसके लोगों को किसी भी अन्य प्रांत या क्षेत्र के निवासियों के समान ही स्वतंत्रता का आनंद लेने का हक है।

संघीय सरकार की सीट होने के नाते, दिल्ली के लोग भारतीय संघ के राजनीतिक जीवन में और दिल्ली के प्रशासन में भी, किसी भी अन्य प्रांत की तुलना में विशिष्ट स्थान रखते हैं। संघीय संविधान की लोकतांत्रिक भावना को दरशाते हैं। संघ में इस निरंकुशता को छोड़ना अनुचित और गलत होगा; दिल्ली ही संघीय सरकार की गति और इसके चरित्र का निर्धारण करती है। आशा है कि दिल्ली के लोगों की लंबे समय से लंबित आकांक्षाओं और उनकी वैध माँग को मुक्त भारत के संविधान निर्माताओं द्वारा नजरअंदाज नहीं किया जाएगा।

(VI) संविधान की प्रारूप समिति एवं अंबेडकर-नेहरू-पटेल की त्रिमूर्ति ने विशेष समिति की अनुशंसाओं को अस्वीकार किया

25 जुलाई, 1949 को दोपहर 3 बजे संविधान की प्रारूप समिति की एक महत्त्वपूर्ण बैठक 1, औरंगजेब रोड (वर्तमान में डॉ.ए.पी.जे. अब्दुल कलाम रोड) पर सरदार वल्लभभाई पटेल के सरकारी निवास पर आयोजित की गई थी।

बैठक में भाग लेनेवालों में शामिल थे—

1. डॉ. बी.आर. अंबेडकर, अध्यक्ष

और प्रारूप समिति के सदस्य,

2. प्रधानमंत्री, पं. जवाहरलाल नेहरू

3. गृह मंत्री, सरदार वल्लभभाई पटेल

बैठक का एजेंडा संविधान सभा की विशेष समिति (पट्टाभि सीतारमैया समिति) की रिपोर्ट पर विचार करना था। इस समिति ने दिल्ली सहित केंद्र प्रशासित प्रांतों (जिसे मुख्य आयुक्त प्रांत भी कहा जाता है) की प्रशासनिक प्रणालियों में संवैधानिक परिवर्तन की सिफारिश की थी।

दिल्ली के संबंध में, विशेष समिति ने निम्न व्यवस्था की सिफारिश की थी—

(क) उप-राज्यपाल (जो राष्ट्रपति द्वारा नियुक्त हो),

(ख) उप-राज्यपाल की सहायता और सलाह के लिए 3-सदस्यीय मंत्रिपरिषद्,

(ग) 50 सदस्यीय निर्वाचित विधानसभा, जिसे राज्य सूची और समवर्ती सूची के सभी विषयों पर कानून बनाने की शक्ति होगी।

दूसरे शब्दों में, दिल्ली के लिए प्रांतीय स्वायत्तता या पूर्ण राज्य के दर्जे की सिफारिश की गई थी, हालाँकि भारत के तीन बड़े नेता—डॉ. अंबेडकर, पंडित नेहरू और सरदार पटेल और प्रारूप समिति के सदस्य इन सिफारिशों से सहमत नहीं थे, उन सबका मत था कि राष्ट्रीय राजधानी को स्थानीय प्रशासन या प्रांतीय सरकार के अधीन नहीं रखा जा सकता है। इस संबंध में उन्होंने अन्य संघीय देशों—अमेरिका, कनाडा, ऑस्ट्रेलिया इत्यादि का उदाहरण दिया, जहाँ केवल वहाँ की संसद् को ही राष्ट्रीय राजधानी हेतु कानून बनाने का एकमात्र अधिकार है, अन्य किसी संस्था को नहीं।

किसी कारण से संविधान सभा को पट्टाभि सीतारमैया समिति की रिपोर्ट और उसकी सिफारिशों पर चर्चा करने का अवसर नहीं मिल सका। इसलिए इस संबंध में प्रारूप समिति ने अधिकार ग्रहण किया, क्योंकि संविधान सभा के अध्यक्ष डॉ. राजेंद्र प्रसाद द्वारा रिपोर्ट उचित काररवाई के लिए डॉ. अंबेडकर की प्रारूप समिति को सौंप दी गई थी।

क्योंकि पट्टाभि सीतारमैया समिति की रिपोर्ट और उसकी सिफारिशों को लागू करने के कारण राजधानी दिल्ली का नियंत्रण केंद्र सरकार से फिसलकर स्थानीय प्रशासन के पास जाने का अंदेशा था (और तीनों बड़े नेता इसके पक्षधर नहीं थे) अत: प्रारूप समिति द्वारा सचिवालय को निम्नलिखित बिंदुओं पर अनुवर्ती काररवाई करने के लिए निर्देशित किया गया—

(i) सोमवार 25 जुलाई, 1949 को प्रारूप समिति की तत्काल बैठक को बुलाया जाना।

(ii) भारत के तत्कालीन प्रधानमंत्री पंडित जवाहरलाल नेहरू और सरदार वल्लभभाई पटेल को भी प्रारूप समिति की बैठक में आमंत्रित किया जाना।

(iii) बैठक की काररवाई संसद् के संवैधानिक हॉल में न होकर,सरदार वल्लभभाई पटेल के आधिकारिक निवास 1, औरंगजेब रोड पर होना।

तद्नुसार, बैठक से एक दिन पहले अर्थात् 24 जुलाई, 1949 को (जो रविवार था), सभी सदस्यों को निम्नानुसार बैठक की सूचना दी गई।

भारत की संविधान सभा
संख्या No.सीए/19(11)/सं./49.
दिनांक 24 जुलाई, 1949
प्रारूप समिति
बैठक की सूचना

प्रारूप समिति की बैठक कल (25.7.1949) सुबह 10 बजे संविधान सभा हॉल में होगी, जिसमें पिछले कुछ समय से चर्चा के मद्देनजर प्रारूप संविधान में संशोधन पर विचार किया जाएगा।

समिति, कल शाम 3 बजे (25.7.1949) केंद्र शासित क्षेत्रों से संबंधित प्रावधानों पर विचार करने हेतु माननीय सरदार वल्लभभाई पटेल (1, औरंगजेब रोड) के आवास पर बैठक करेगी।

—एस.एन. मुखर्जी
संयुक्त सचिव#

इस बैठक की मुख्य विशेषता यह थी कि इसमें (डॉ. बी.आर. अंबेडकर और प्रारूप समिति के अन्य सदस्यों के अतिरिक्त) दो महत्त्वपूर्ण पदाधिकारियों (गैर सदस्यों) अर्थात् प्रधानमंत्री पंडित जवाहरलाल नेहरू और गृहमंत्री सरदार वल्लभभाई पटेल ने भी विशेष आमंत्रण पर समिति की काररवाई में भाग लिया।

पट्टाभि सीतारमैया समिति द्वारा मुख्य आयुक्त प्रांत दिल्ली के संबंध में निम्नलिखित मुख्य सिफारिशें की गई थीं—

 # (स्रोत : राष्ट्रीय अभिलेखागार, भारत सरकार)

(क) प्रांत में एक उप-राज्यपाल होगा, जिसे राष्ट्रपति द्वारा नियुक्त किया जाएगा;

(ख) उप-राज्यपाल को उसके कृत्यों के निर्वहन में मुख्यमंत्री की अध्यक्षता में मंत्रिपरिषद् द्वारा सलाह और परामर्श दिया जाएगा। मंत्रिपरिषद् प्रांतीय विधानमंडल के लिए जवाबदेह होगी। उप-राज्यपाल और मंत्रालय के बीच उत्पन्न किसी भी महत्त्वपूर्ण मामले पर मतभेद की स्थिति में अंतिम निर्णय राष्ट्रपति का होगा।

(ग) राष्ट्रपति की स्वीकृति के बिना मंत्रिधों की संख्या तीन से अधिक नहीं होगी।

(घ) दिल्ली प्रांत की एक निर्वाचित विधानपालिका होगी, जिसमें अधिकतम 50 सदस्य होंगे, जो अन्य प्रांतीय विधानपालिकाओं की तरह कार्य करेंगे, सिवाय—

(i) केंद्रीय विधानमंडल में भी प्रांतीय सूची में सम्मिलित मामलों के संबंध में समवर्ती शक्ति होगी;

(ii) प्रांतीय विधानमंडल द्वारा पारित सभी कानूनों के लिए राष्ट्रपति की सहमति आवश्यक होगी;

(iii) प्रांतीय विधानमंडल द्वारा बजट स्वीकृति के बाद, राष्ट्रपति की मंजूरी की आवश्यकता होगी।

(ड़) प्रांत की वित्तीय शोधन क्षमता और सुशासन हेतु केंद्र की विशेष जवाबदेही होगी;

(च) दिल्ली के छोटे क्षेत्र और सीमित संसाधनों के मद्देनजर, प्रमुख प्रांतों में प्रशासन के मानक स्तर को बनाए रखने के लिए, केंद्रीय सहायता की आवश्यकता बनी रहेगी।**

प्रारूप समिति ने पट्टाभि सीतारमैया समिति की उपरोक्त सिफारिशों को स्वीकार नहीं किया, जिसमें दिल्ली प्रांत हेतु स्वायत्तता का सुझाव दिया गया था।

*** (सरकारिया-बालकृष्ण समिति रिपोर्ट) 1989 पृ. 7*

प्रारूप समिति द्वारा लिये गए निर्णय और टिप्पणियाँ निम्नलिखित थीं—

1. भारत की राजधानी होने के कारण दिल्ली को एक स्थानीय प्रशासन के मतभेदगत नहीं रखा जा सकता।
2. संयुक्त राज्य अमेरिका और ऑस्ट्रेलिया जैसे अन्य संघीय देशों में, इनकी संबंधित संघीय विधानपालिकाओं की संघीय सरकार की सीट के संबंध में विशिष्ट शक्तियाँ हैं।
3. दिल्ली को सीधे राष्ट्रपति द्वारा उप-राज्यपाल के माध्यम से प्रशासित किया जाना चाहिए।
4. राष्ट्रपति को यह शक्ति होनी चाहिए कि वह स्थानीय विधायिका का गठन कर सके।

संविधान सभा ने भी एक समय पर सभी पहलुओं से भाग 'ग' राज्यों के मामले पर विचार किया था और अंत में यह निर्णय लिया गया कि इन क्षेत्रों की विधानपालिका और मंत्रिपरिषद् के उपबंधों के संबंध में संसद् द्वारा संविधान में उपबंध किया जाए। एक विशिष्ट प्रावधान किया गया कि इन भाग 'ग' राज्यों को राष्ट्रपति द्वारा नियुक्त एक मुख्य आयुक्त या उप-राज्यपाल द्वारा शासित किया जाना चाहिए। अनुच्छेद 239 और 240 (जैसे तब थे) को तद्नुसार संविधान में सम्मिलित किया गया था।

दिल्ली को राज्य बनाने की माँग पर उच्चतम न्यायालय की टिप्पणी

4 जुलाई, 2018 को उच्चतम न्यायालय ने दिल्ली हेतु राज्य के दर्जे पर संविधान पीठ, दीपक मिश्रा, भारत के मुख्य न्यायाधीश, श्री ए.के.सीकरी और ए.एम. खन्नीकर जे.जे. ने 2017 की सिविल अपील संख्या. 2357 (भारत संघ बनाम सरकार और अन्य) में अनुच्छेद 239 कक और दिल्ली एन.सी.टी. अधिनियम 1993 की व्याख्या करते समय संवैधानिक योजना की निम्नांकित व्याख्या की—

"माननीय उच्चतम न्यायालय ने एस. बालाकृष्णन समिति की उस राय से सहमति जताई, जिसमें कहा गया था कि 'राष्ट्रीय राजधानी संपूर्ण राष्ट्र की है' और इसलिए पूर्ण राज्य की माँग को स्वीकार नहीं किया जा सकता। पीठ ने कहा—

"हम इस तर्क से भी सहमत हैं कि राष्ट्रीय राजधानी के रूप में दिल्ली, संपूर्ण राष्ट्र की है और इसे भारत के किसी भी घटक राज्य के रूप में शामिल करने से भविष्य में उस राज्य को अन्य राज्यों की तुलना में एक प्रमुख स्थान प्राप्त हो जाएगा। इस कारण संघ को दैनिक और महत्त्वपूर्ण मामलों में हस्तक्षेप के लिए पर्याप्त संवैधानिक अधिकार उपलब्ध नहीं हो सकेंगे, जिससे उसके राष्ट्रीय कर्तव्यों और जिम्मेदारियों के निर्वहन में पूर्वग्रह होगा।

1 अगस्त, 1939 को संविधान के प्रारूप पर बहस के दौरान जब अनुच्छेद 212 मुख्य आयुक्तों के प्रांतों की सरकारों से संबंधित को लिया गया तो सदस्यों को ऐसे मुख्य आयुक्त प्रांतों की भावी स्थिति और दर्जे के संबंध में अपने विचार व्यक्त करने व चर्चा करने का अवसर मिला। संविधान निर्माताओं के बीच आम सहमति यह थी कि दिल्ली संघीय सरकार की सीट थी, दिल्ली को प्रांतीय स्वायत्तता नहीं दी जा सकती थी।

दिल्ली की भावी स्थिति को लेकर संविधान सभा में सदस्यों के भाषणों के प्रासंगिक भागों, जिसमें उन्होंने अपने विचारों और सुझावों को प्रकट किया है, को आगे प्रस्तुत किया गया है—

श्री बृजेश्वर प्रसाद

"मुझे लगता है कि मुख्य आयुक्त प्रांतों में मौजूद प्रशासन की प्रणाली बहुत ही ठोस है और यथास्थिति में कोई बदलाव नहीं होना चाहिए। दिल्ली जैसे मुख्य आयुक्त प्रांत में प्रांतीय स्वायत्तता की बात करना हास्यास्पद है। मेरा मानना है कि ऐसा कोई कारण नहीं है कि केंद्र द्वारा सीधे शासित प्रांतों की संवैधानिक स्थिति में कोई बदलाव किया जाए।"[@]

श्री कृष्णामूर्ति राव

"दिल्ली के लिए केंद्र द्वारा प्रशासित के रूप में जारी रहने हेतु कुछ औचित्य हो सकता है, क्योंकि यह राजधानी है, लेकिन इन केंद्र शासित क्षेत्रों को

@ संविधान सभा वाद-विवाद 1 अगस्त, 1949, पृष्ठ 67-68

बढ़ाने का कोई औचित्य नहीं है। वास्तव में केंद्र सरकार दो क्षमताओं में काम करेगी—एक, केंद्र सरकार के रूप में और दूसरी, केंद्र शासित क्षेत्रों के लिए एक प्रांतीय सरकार के रूप में। मैं इसका केंद्र के लिए कोई औचित्य नहीं देखता… इन गैर-आर्थिक इकाइयों पर इतनी बड़ी रकम।"@@

सैयद मोहम्मद सादुल्ला (सदस्य, प्रारूप समिति)

"हमने इस सदन के सभा पटल पर ही आलोचना सुनी है कि भारत को बहुत छोटे क्षेत्रों एवं भागों में नहीं बाँटना चाहिए और उन्हें संघ की इकाइयों में परिवर्तित करना चाहिए। हमारे समक्ष इस तदर्थ समिति की सिफारिशें थीं, लेकिन हम हैरान थे कि हमें क्या करना चाहिए। उदाहरण के लिए दिल्ली को लें, इसकी आबादी 20 लाख है। अगर इसे एक अलग इकाई में बदल दिया जाए तो यह अलग नहीं हो सकता है, परंतु मान लीजिए कि इसे जिला इकाई के रूप में पृथक् कर दिया जाता है और इससे उप-राज्यपाल का प्रांत या केंद्र के साथ मतभेदगत रखा जाता है, तो ऐसी स्थिति में हम अन्य स्थानों के बारे में क्या करेंगे, जो केंद्र प्रशासित हैं। यदि हम दिल्ली को पृथक् उप-राज्यपाल प्रांत देते हैं तो हम अजमेर, मेरवाड़ा, कुर्ग, अंडमान द्वीप को कैसे मना करेंगे, इसलिए हमने यह सही सोचा कि इस मामले को बड़े निकाय—संविधान सभा द्वारा ही तय किया जाना चाहिए।"@@@

प्रो. शिब्बन लाल सक्सेना

"अध्यक्ष महोदय, इस अनुच्छेद (अनुच्छेद 212) में हम किन प्रांतों के लिए कानून बनाना चाहते हैं, यह जाने बिना हम मुख्य आयुक्त प्रांतों को सरकारें प्रदान कर रहे हैं। मुझे बताया गया है कि कुर्ग को मैसूर या मद्रास में मिला दिया जाएगा। इसी तरह अजमेर-मेरवाड़ा राजस्थान संघ में शामिल हो सकते हैं, तब केवल दिल्ली शेष रह जाएगा और मेरा मानना है कि दिल्ली के लिए पृथक् धारा आवश्यक है। भारत के किन हिस्सों में यह संविधान होगा, यह जाने बिना इसे पारित करना उचित नहीं होगा।"#

@@ प्रारूप संविधान पर चर्चा; संविधान सभा वाद-विवाद 9 नवंबर, 1948, पृ.67-68

@@@ वही

 # संविधान सभा वाद-विवाद 1 अगस्त, 1949, पृष्ठ 66

श्री विश्वनाथ दास

"जहाँ तक दिल्ली शहर का संबंध है, आप इसे ब्रिटिश संविधान की तर्ज पर रख सकते हैं और लंदन या अमेरिकी तर्ज के अनुसार दिल्ली के महानगर के लिए एक निगम बना सकते हैं, जो वांछनीय व आवश्यक है। इन परिस्थितियों में मैं यह समझने में विफल हूँ कि आपको दिल्ली को एक छोटे से क्षेत्र में क्यों जोड़ना चाहिए, ताकि एक मशीनरी और विधानसभा, एक प्रीमियर और मंत्री व अन्य दर्जे के साथ इसे प्रांत कहा जा सके।"[##]

चौधरी रणबीर सिंह

"इन छोटे क्षेत्रों को अलग-अलग प्रांतों के रूप में बनाए रखना देश के हित के लिए हानिकारक होगा। उदाहरण के लिए दिल्ली के मामले को लें। इसमें कोई संदेह नहीं है कि नई दिल्ली एक अलग समस्या प्रस्तुत करती है, क्योंकि यह केंद्र सरकार की सीट है, लेकिन पुरानी दिल्ली और दिल्ली के गाँवों को बनाए रखने के लिए, जो कि शायद 300 हैं, एक अलग प्रांत एवं एक भारी प्रशासन को बनाए रखना, यह देश के हित में नहीं है। नई दिल्ली को छोड़कर शेष दिल्ली शहर और इसके गाँवों को पंजाब के साथ एकीकृत किया जाना चाहिए।"[$]

श्री आर.के. सिधवा

"दिल्ली के संबंध में आप स्वयं को नियंत्रित करने के लिए इस बड़ी संख्या में लोगों के अधिकारों की उपेक्षा नहीं कर सकते। मैं यह समझने में असमर्थ हूँ कि जब हमने अपने संविधान के तहत खुद को शासित करने के लिए लोगों के सबसे पिछड़े वर्गों को अधिकार दिया है तो हमें इन दोनों प्रांतों (अजमेर-मेरवाड़ा और दिल्ली) के लोगों को बताना चाहिए कि उनके पास एक लोकप्रिय सरकार नहीं हो सकती है, इसलिए मैं बहुत दृढ़ता से महसूस करता हूँ कि संविधान को अजमेर-मेरवाड़ा और दिल्ली को किस प्रकार प्रशासित किया जाएगा। इस संबंध में स्पष्ट रूप से उल्लेख किए बिना पारित नहीं किया जाना चाहिए।"[$$]

संविधान सभा वाद-विवाद पृष्ठ 71

$ संविधान सभा वाद-विवाद 1 अगस्त, 1949, पृष्ठ 71

$$ संविधान सभा वाद-विवाद 1 अगस्त, 1949, पृष्ठ 72

श्री नजीरुद्दीन अहमद

"पुरानी व नई दिल्ली का हजारों वर्षों का इतिहास है और यह महान् भारत की सीट है। यहाँ बड़ी संख्या में राजदूत और विदेशी प्रतिनिधि हैं। संसद् की काररवाई यहीं होगी और बड़ी संख्या में सदस्य यहीं रहेंगे। सदस्यों की संख्या बनी रहेगी और यदि इन दो शहरों, पुरानी व नई दिल्ली को किसी पड़ोसी प्रांत से मिला दिया जाता है तो हो सकता है कि सरकार की सीट हटा दी जाएगी, और कठिनाई यह होगी कि केंद्र सरकार, उच्च विदेशी व स्थानीय अधिकारी और संसद् के सदस्यों को सेवाओं हेतु केंद्र से दूर एक प्रांतीय प्राधिकरण की ओर देखना अत्यधिक शर्मनाक होगा।"%

श्री मोहनलाल गौतम

"मैं सदन से अनुरोध करता हूँ कि दिल्ली से संबंधित प्रश्न पर विचार करते समय उसे नई दिल्ली और दिल्ली के ग्रामीण इलाकों को अलग-अलग क्षेत्र मानना चाहिए। नई दिल्ली में जहाँ तीन-चौथाई संपत्ति भारत सरकार की है, जहाँ विदेशी दूतावास स्थित हैं, जो कि भारत सरकार की सीट है, को उप-राज्यपाल के एक छोटे प्रांत में शामिल नहीं किया जाना चाहिए, इसलिए मैं मानता हूँ कि नई दिल्ली को अलग किया जाना चाहिए और भारत सरकार के सीधे प्रशासन में रखना चाहिए एवं इसमें किसी को दखल का अधिकार नहीं होना चाहिए।"%%

रेव डिसूजा

"नई दिल्ली और पुरानी दिल्ली को अलग नहीं किया जा सकता है, क्योंकि यह न केवल व्यक्तिगत संपर्कों से, बल्कि भौगोलिक, व्यावसायिक एवं कई अन्य तरीकों से जुड़ी हुई हैं। यह पुरानी दिल्ली और नई दिल्ली की जरूरतों के कारण नहीं है, बल्कि केंद्रीय विधानमंडल, संसद् भवन, सचिवालय, राष्ट्रपति भवन और यहाँ विदेशी प्रतिनिधियों की उपस्थिति के कारण है। इसलिए ऐसी स्थिति में सरकार की उपस्थिति से, इस सदन व उनकी अन्य आश्रिता से

% संविधान सभा वाद-विवाद 1 अगस्त, 1949, पृष्ठ 100

%% संविधान सभा वाद-विवाद 1 अगस्त, 1949, पृष्ठ 91

दिल्ली शहर और उसके संसाधनों का प्रशासन केंद्र के नियंत्रण के बिना नहीं हो सकता।"[^]

श्री वी. गोपालस्वामी (सदस्य, प्रारूप समिति)

"हमें संघीय राजधानी में कतिपय मामलों पर पूर्ण नियंत्रण रखनेवाले केंद्र की आवश्यकता को स्वीकार करना चाहिए। यह नियंत्रण केंद्र किसी भी अधीनस्थ प्राधिकरण के साथ साझा नहीं करेगा।

"···हम चाहते हैं कि ये महत्त्वपूर्ण शक्तियाँ स्वयं हमारे पास रहें। हम सकारात्मक आदेश जारी करेंगे और उन आदेशों का पालन करना होगा। हम स्वयं को ऐसी स्थिति में नहीं रख सकते कि सुचारु प्रशासन करने का अधिकार किसी ओर के पास हो और हमारे पास केवल उन्हें खींचने का अधिकार हो। दोनों स्थितियाँ बिल्कुल अलग हैं। यदि यह स्थितियाँ इतनी अलग नहीं हैं तो ऑस्ट्रेलिया, अमेरिका ने किया है और ओटावा के संबंध में कनाडा जो कर रहा है, वह बिल्कुल व्यर्थ होगा।"[^^]

सरदार रंजीत सिंह (पेप्पसु)

"यह निश्चित रूप से संभव है कि दिल्ली राज्य और केंद्र सरकार में अलग-अलग दल हो सकते हैं। उस संभावना को देखते हुए और किसी भी आकस्मिकता को पूरा करने के लिए यह वांछनीय है कि नई दिल्ली को केंद्र सरकार के नियंत्रण में रखा जाए। अन्य विषयों के संबंध में, निश्चित रूप से मेरा यह मत है कि दिल्ली के अनुभवी लोग और दिल्ली के व्यापारी इन अन्य विभागों को अभी की तुलना में अधिक कुशलता से चला सकते हैं।"[&]

श्री डी.डी. पंत

"मुझे यकीन है कि केंद्र सरकार राज्य सरकार की तुलना में दिल्ली को बेहतर तरीके से चलाने की स्थिति में होगी। इसलिए मेरा अनुरोध है कि भारत के

---

^ भाग 'ग' राज्य सरकार विधेयक, 1951 पृष्ठ 1690

^^ भाग 'ग' राज्य सरकार विधेयक,1951 पृष्ठ 1708

& भाग 'ग' राज्य सरकार विधेयक,1951 पृष्ठ,1702

सामूहिक मत से राजधानी का शासन करें, ताकि यहाँ का प्रशासन अन्य राज्यों के अनुकरण हेतु आदर्श बन सके।"&&

श्री ठाकुर दास भार्गव

"जहाँ तक नई दिल्ली का संबंध है, तो इसे दूर क्यों नहीं ले जाते, नई दिल्ली को इस (दिल्ली) विधानमंडल के नियंत्रण में क्यों रखें? यह बेहतर होगा कि नई दिल्ली को एक अलग राज्य बनाया जाए, लेकिन अगर आप दिल्ली के लिए एक राज्य और विधानमंडल बनाना चाहते हैं, तो मुझे नहीं लगता कि इस तरह का विधानमंडल बनाना बुद्धिमानी होगी, जिसके पास उस स्थान के नागरिकों के दैनिक जीवन को प्रभावित करनेवाले सबसे महत्त्वपूर्ण मामलों के संबंध में न तो कोई नियंत्रण, और न कोई शक्तियाँ हों।

"16 अगस्त, 1947 को मैं व अन्य लोग प्रधानमंत्री के पास पहुँचे और हमने कहा कि जहाँ तक पुरानी दिल्ली का संबंध है, यह पंजाब को दिया जा सकता है, क्योंकि यह पंजाब का पुराना हिस्सा है। लेकिन इस पर कभी सहमति नहीं बनी।"*

(VII) राज्य के दर्जे की माँग हेतु दिल्ली विधानसभा के संकल्प : संसद् में दिल्ली राज्य विधेयक पेश

राष्ट्रीय राजधानी क्षेत्र दिल्ली की पहली विधानसभा के लिए आम चुनाव 8 दिसंबर, 1993 को हुए और बीजेपी 70 सदस्यीय सभा में 49 सीटों पर विजयी हुई। श्री मदन लाल खुराना ने मुख्यमंत्री के रूप में शपथ ली।

26 अगस्त, 1994 को विधानसभा ने दिल्ली के लिए राज्य का दर्जा देने की माँग करते हुए निम्नलिखित प्रस्ताव पारित किया—

यद्यपि पूर्ण शक्ति प्राप्त विधानसभा की अनुपस्थिति में, दिल्ली के नागरिक अपने निर्वाचित प्रतिनिधियों के माध्यम से अपनी सामाजिक

&&भाग 'ग' राज्य सरकार विधेयक, 1951 पृष्ठ, 1705

** भाग 'ग' राज्य सरकार विधेयक, 1951 पृष्ठ 1464*

और आर्थिक आवश्यकताओं को पूरा करने के लिए विधान बनाने के अपने मूल अधिकार से वंचित हैं।

यद्यपि वे भूमि, पुलिस, सेवाओं पर नियंत्रण, वित्त आदि जैसे महत्त्वपूर्ण मामलों में एक प्रभावी भूमिका से वंचित हैं।

इसलिए, यह सभा केंद्र सरकार से पुरजोर सिफारिश करती है कि लोगों के हितों के सुरक्षोपाय हेतु दिल्ली को राज्य का दर्जा प्रदान किया जाए।

इसके पश्चात् 11 सितंबर, 2002 को तब की मुख्यमंत्री श्रीमती शीला दीक्षित के पहले कार्यकाल के दौरान दिल्ली विधानसभा प्रस्ताव प्रस्तुत किया गया।

यह सभा गृह मंत्रालय, भारत सरकार द्वारा 25 जुलाई, 2002 के पत्र और 29 अगस्त, 2002 के आदेश द्वारा की गई एकपक्षीय काररवाई के प्रति अपनी निराशा और चिंता व्यक्त करती है।

(i) सभा नोट करती है कि गृह मंत्रालय, भारत सरकार ने 25 जुलाई, 2002 के अपने पत्र (सं.यू -11013 / 12/95-यूटीएल) द्वारा इंगित किया कि केंद्र सरकार ने निर्णय लिया है कि एन.सी.टी., दिल्ली के संबंध में 'सरकार' शब्द को एन.सी.टी. 'दिल्ली की सरकार' के रूप में परिभाषित नहीं किया जाना चाहिए, क्योंकि यह संविधान में अवर्णित, नई और स्वतंत्र विधिक इकाई है। इसके अलावा यह आभास हो सकता है कि एन.सी.टी., दिल्ली के लिए केंद्र सरकार के अलावा कोई अन्य सरकार है।

(ii) यह सभा आगे नोट करती है कि गृह मंत्रालय, भारत सरकार ने अगस्त, 29, 2002 (यू-11013/2/2002-यूटीएल) के अपने आदेश में राष्ट्रपति द्वारा एन.सी.टी. दिल्ली सरकार नियम,1993 को संशोधित करने के फैसले को सूचित किया है।

ii. a. नियम 23 में—

i. प्रारंभिक शब्दों के लिए, 'प्रस्तावों या मामलों की निम्नलिखित श्रेणियों को उप-राज्यपाल को प्रस्तुत किया जाएगा', निम्नलिखित को प्रतिस्थापित किया जाएगा, अर्थात्—

प्रस्तावों या मामलों की निम्नलिखित श्रेणियों को अनिवार्य रूप से उप-राज्यपाल को प्रस्तुत किया जाएगा।

(ii) (खंड) (v) निम्नलिखित खंड को सम्मिलित किया जाएगा, अर्थात् (v क) उन मामलों पर, जिन पर उप-राज्यपाल को किसी भी विधि या विद्यमान कानून के तहत आदेश देना आवश्यक है।

ii. ख. उक्त नियमों के नियम 55 के उप-नियम (1) में—

i. शुरुआती भाग में 'विधेयक' शब्द के लिए 'विधायी प्रस्ताव' प्रतिस्थापित किया जाएगा;

ii.खंड (क) के लिए निम्नलिखित खंड प्रतिस्थापित किया जाएगा:-

iii. (क) यदि विधेयक के रूप में पुर:स्थापित किया जाता है और विधानसभा द्वारा अधिनियमित किया जाता है, तो अनुच्छेद 239 के खंड (3) के उप-खंड (ग) के तहत या अधिनियम की धारा 24 के दूसरे परंतुक के मतभेदगत इसे राष्ट्रपति के विचार के लिए आरक्षित रखना आवश्यक है।

यह सभा, दिल्ली की निर्वाचित सरकार से परामर्श के बिना गृह मंत्रालय द्वारा लिये गए इस निर्णय की निंदा करती है। सभा का मानना है कि ये आदेश केंद्र और राज्यों के बीच सभी लोकतांत्रिक परंपराओं और सामंजस्यपूर्ण संबंधों का उल्लंघन हैं। यह सभा संकल्प करती है कि विधायी और किसी अन्य उद्देश्य के लिए वह सरकार की केवल एक परिभाषा हो सकती है और यह 'राष्ट्रीय राजधानी क्षेत्र दिल्ली सरकार' है। इसके अतिरिक्त नियम 23 और 55 (1) में संशोधन, संविधान (69वाँ संविधान संशोधन) अधिनियम और 'राष्ट्रीय राजधानी क्षेत्र दिल्ली सरकार' द्वारा दिल्ली के लोगों को प्रदत्त अधिकार को समाप्त नहीं कर सकता। यह सभा इसलिए संकल्प करती है कि उपरोक्त दो एकपक्षीय आदेशों का उद्‌देश्य विधिवत् निर्वाचित सरकार की शक्तियों को रोकने के उद्‌देश्य से है और इसे केंद्र सरकार द्वारा तुरंत वापस ले लिया जाना चाहिए।

II. विधानसभा भारत के संविधान द्वारा 69वें संशोधन अधिनियम में किए गए विशेष प्रावधान को संज्ञान में लेती है। संविधान का अनुच्छेद 239 कक दिल्ली को राष्ट्रीय राजधानी क्षेत्र दिल्ली के रूप में विशेष दर्जा प्रदान करता है।

इसे दिल्ली के संदर्भ में अनुच्छेद 240 में प्रबलित किया गया है, 'कतिपय केंद्र शासित प्रदेशों के लिए विनियम बनाने की राष्ट्रपति की शक्ति' को भी हटा दिया गया है। यह एक निर्विवाद तथ्य है कि राष्ट्रीय राजधानी क्षेत्र दिल्ली संविधान का एक कानूनी निर्माण है और इसे विशेष दर्जा प्राप्त है। यह सभा संकल्प करती है कि एन.सी.टी., दिल्ली सरकार के इस विशेष दर्जे को केंद्र सरकार द्वारा मान्यता, स्वीकृति और सम्मान प्रदान किया जाना चाहिए।

III. विधानसभा इस तथ्य का संज्ञान लेती है कि संवैधानिक रूप से दिल्ली के उप-राज्यपाल को तीन और केवल तीन आरक्षित शक्तियाँ सौंपी गई हैं, अर्थात् राज्य सूची की प्रविष्टि 1, 2 और 18 के संबंध में शक्तियाँ और इसी समान सूची की सीधी संबंधित प्रविष्टियाँ 64-66 (अधिनियम 239 कक [3] (क)), भारत का संविधान)। संविधान की इस भावना को दिल्ली सरकार अधिनियम, 1992 और कार्य संचालन नियम, 1993 में और 1998 में यथा संशोधित में वर्णित किया गया है। किसी नियम में किसी भी संशोधन द्वारा पूर्वोक्त सीमित तीन विषयों से परे शक्तियों का कोई भी प्रयोग सीधे भारत के संविधान का उल्लंघन है और इसलिए अधिकारातीत है। यह सभा संकल्प करती है कि उप-राज्यपाल को हस्तांतरित विषयों के संबंध में केवल मंत्रिपरिषद् की सहायता और सलाह पर कार्य करना चाहिए।

IV. विधानसभा इस तथ्य को नोट करती है कि कार्य संचालन नियमों के नियम 45 के अनुसार, उप-राज्यपाल 'पुलिस', 'लोक व्यवस्था' और 'भूमि' से जुड़े मामलों के संबंध में अपने कार्यकारी कृत्यों का प्रयोग उसी स्तर तक करेगा, जो उसे मुख्यमंत्री के परामर्श से राष्ट्रपति द्वारा सौंपे जाएँगे, ऐसा आदेश राष्ट्रपति द्वारा संविधान के अनुच्छेद 239 के तहत जारी किया जाएगा।

नियमों में यथा परिकल्पित मुख्यमंत्री के साथ यह परामर्श अनिवार्य है। इस परामर्श की अनुपस्थिति में, इन विषयों के संबंध में निर्णय लेने की प्रक्रिया निर्वाचित प्रतिनिधियों की सलाह से वंचित है। यह सभा संकल्प करती है कि आरक्षित विषयों पर इस तरह का परामर्श अनिवार्य होना चाहिए और उप-राज्यपाल और केंद्र सरकार को लोकतंत्र की भावना के अनुसार निर्वाचित सरकार के विचारों पर उचित ध्यान देना चाहिए।

राज्य की माँग हेतु प्रस्ताव शहरी विकास मंत्री द्वारा किया गया और इसे 11.09.2002 को सभा द्वारा अंगीकृत किया गया—

"यह सभा अपना संकल्प व्यक्त करती है कि एन.सी.टी. दिल्ली की सरकार को अपने चुने हुए प्रतिनिधियों के माध्यम से दिल्ली के नागरिकों को सशक्त बनाने के लिए व्यापक सहमति पर प्रमुख संस्थागत और संरचनात्मक सुधारों को आधार बनाकर राज्य का दर्जा दिया जाना चाहिए, ताकि हमारे देश की राष्ट्रीय राजधानी को बेहतर शहर प्रशासन प्रदान किया जा सके।"

श्री एल.के. आडवाणी द्वारा लोकसभा में दिल्ली राज्य विधेयक, 2003 को पुनर्स्थापित करना

18 अगस्त, 2003 को तत्कालीन उप-प्रधानमंत्री और गृहमंत्री श्री एल.के. आडवाणी ने लोकसभा में दिल्ली राज्य विधेयक 2003 और संविधान संशोधन विधेयक, 2003 को दिल्ली को राज्य का दर्जा देने के उद्‌देश्य से प्रस्तुत किया।

संसद् में स्थापित प्रक्रिया के अनुसार, पुनर्स्थापन के बाद विधेयक को जाँच और रिपोर्ट के लिए गृह मामलों संबंधी स्थायी समिति को भेजा गया था, हालाँकि कुछ महीने बाद लोकसभा के विघटन के कारण विधेयक व्यपगत हो गया।

दिल्ली विधानसभा में राज्य का दर्जा प्रदान करने हेतु पारित अन्य संकल्प

दिल्ली विधानसभा में उप-मुख्यमंत्री द्वारा प्रस्तुत सरकारी संकल्प और सभा द्वारा 11.06.2018 को अंगीकृत संकल्प—

"राष्ट्रीय राजधानी क्षेत्र की विधानसभा शुक्रवार, 8 जून, 2018 को आयोजित बैठक में यह संकल्प करती है कि राष्ट्रीय राजधानी क्षेत्र के निवासियों के बेहतर जीवन के लिए दशकों से आकांक्षाओं को ध्यान में रखते हुए और देश की अर्थव्यवस्था में उनके योगदान को देखते हुए, जिसे इस सम्मानित सभा के माननीय सदस्यों द्वारा व्यक्त किया गया है, गृह मंत्रालय, भारत सरकार को एन.सी.टी., दिल्ली को बिना विलंब के पूर्ण राज्य घोषित करने हेतु सभी

अनिवार्य विधिक और विधायी कदम उठाने चाहिए। यह सभा अत्यधिक निराशा के साथ नोट करती है कि क्रमिक केंद्र सरकारों ने बिना किसी उचित कारण के दिल्ली के लोगों को पूर्ण राज्य के बुनियादी अधिकारों से वंचित रखा है। दिल्ली के लोगों को अब केंद्र सरकार द्वारा नियुक्त उप-राज्यपाल की दया पर नहीं रखा जा सकता, जिनकी जनता के प्रति कोई जवाबदेही नहीं है और बिना किसी जवाबदेही के पूर्ण शक्ति प्राप्त है। निर्वाचित प्रतिनिधि सीधे मतदाताओं के प्रति जवाबदेह होते हैं और उनके द्वारा लोगों के दैनिक जीवन और विकास संबंधी मुद्दों को प्रभावित करनेवाले विषयों पर सही सवाल उठाए जाते हैं। इसलिए यह किसी भी कानूनी और उचित समझ से परे है कि एक राजनीतिक रूप से नामांकित उप-राज्यपाल लोकतांत्रिक रूप से चुने गए मंत्रियों का सुपर-बॉस हो, जो सामूहिक रूप से विधानसभा के लिए जिम्मेदार है। 1952 से और फिर बाद में 1993 में, जब एन.सी.टी. दिल्ली के लिए विधानसभा की स्थापना की गई थी, तब से हर एक निर्वाचित दिल्ली सरकार ने लोगों की आकांक्षाओं को पूरा करने के लिए राज्य की माँग की थी। 2003 में तत्कालीन माननीय उप-प्रधानमंत्री और गृहमंत्री श्री लालकृष्ण आडवाणी ने 18 अगस्त, 2003 को संविधान संशोधन विधेयक और दिल्ली के लिए राज्य की माँग हेतु लोकसभा में विधेयक प्रस्तुत किया था। दिसंबर 2003 में संसद् में पेश की गई 106वीं रिपोर्ट में प्रणब मुखर्जी की अध्यक्षता में गृह मामलों संबंधी संसदीय स्थायी समिति ने इस विधेयक का पुरजोर समर्थन किया था, हालाँकि कुछ महीने बाद लोकसभा के विघटन के कारण विधेयक व्यपगत हो गया।

"हालाँकि 2004 के बाद से केंद्र और दिल्ली में 10 साल तक सत्ता में एक ही पार्टी की सरकार होने के बावजूद विधेयक की समीक्षा हेतु कोई प्रयास नहीं किए गए। इस सभा का मानना है कि अब इस बात को लगभग 16 साल बीत चुके हैं, जब दिल्ली के पूर्ण राज्य हेतु किसी पूर्व सरकार द्वारा संसद् में विधेयक प्रस्तुत किया गया था और क्योंकि उस विधेयक में कुछ कमियाँ थीं, इसलिए नए प्रारूप विधायक पर काम प्रारंभ करने से पूर्व गृह मंत्रालय को निर्वाचित सरकार के साथ परामर्श अवश्य करना चाहिए। सभा यह संकल्प करती है कि दिल्ली में एन.डी.एम.सी. क्षेत्र, जो एन.डी.एम.सी. अधिनियम द्वारा शासित है, को केंद्र

सरकार के विशेष नियंत्रण में रखा जाए और एन.सी.टी. दिल्ली के शेष क्षेत्र को एक संवैधानिक संशोधन विधेयक के माध्यम से पूर्ण राज्य घोषित किया जाए। इससे पूर्व भी 1990 में दिल्ली को पूर्ण राज्य घोषित करने के लिए एक संविधान संशोधन विधेयक की योजना बनाई गई थी, लेकिन दुर्भाग्य से यह प्रयास भी सफल नहीं हुआ था। इसलिए दिल्ली के लोग अपने अधिकारों की प्राप्ति में किसी भी तरह के अनुचित विलंब को बरदाश्त नहीं करेंगे, जो कि सभी राजनीतिक दलों द्वारा अपने चुनाव अभियानों में बार-बार किए गए वादों के बावजूद दशकों से इनकार कर रहे हैं। यह सभा पुरजोर माँग करती है कि गृह मंत्रालय दिल्ली के लोगों की भावनाओं को स्थान देते हुए, दिल्ली को पूर्ण राज्य का दर्जा देने के लिए संसद् के दोनों सदनों में संविधान संशोधन विधेयक लाए।"

(VIII) दिल्ली को राज्य बनाने हेतु अपनाई जानेवाली संवैधानिक प्रक्रिया

भारतीय संविधान संसद् को निर्धारित प्रक्रिया अपनाकर एक नए राज्य के गठन के लिए प्राधिकृत करता है। संविधान के अनुच्छेद तीन में यह व्यवस्था है कि संसद् नियमानुसार नए राज्य का गठन कर सकती है और इसे किसी राज्य से किसी भाग को अलग कर, दो या दो से अधिक राज्यों अथवा उनके भागों को मिलाकर अथवा किसी भूभाग को किसी राज्य में मिलाकर किया जा सकता है।

संविधान संसद् को किसी राज्य के क्षेत्रफल को बढ़ाने अथवा घटाने और किसी राज्य के नाम या सीमाओं में परिवर्तन करने के लिए भी प्राधिकृत करता है।

इस उद्देश्य के लिए विधेयक के रूप में एक विधायी प्रस्ताव को राष्ट्रपति की पूर्व सिफारिश से संसद् के किसी भी सदन में पुनर्स्थापित किए जाने की आवश्यकता होती है।

संवैधानिक प्रावधानों और पूर्ववर्ती उदाहरणों के आधार पर राष्ट्रीय राजधानी राज्य क्षेत्र दिल्ली को एक पूर्ण राज्य में परिवर्तित करने के उद्देश्य की प्राप्ति के लिए, यदि आवश्यक हो, निम्न दो में से एक प्रक्रिया को अपनाया जा सकता है।

प्रक्रिया-1

इस उद्देश्य के लिए एक विधेयक को संसद् के किसी भी सदन में पुनर्स्थापित किया जा सकता है और सामान्य बहुमत से पारित किया जा सकता है।

इसके साथ-ही-साथ एक अन्य संवैधानिक संशोधन विधेयक को भी संसद् के किसी भी सदन में पुनर्स्थापित किया जाना चाहिए, जिसका लक्ष्य-1 दिल्ली से संबंधित विद्यमान उपबंध (अर्थात् अनुच्छेद 239कक और 239कख) को संविधान से निरसित करना या हटाना होगा।

यह आवश्यक है, क्योंकि अनुच्छेद 368 संसद् को यह शक्ति प्रदान करता है कि वह जोड़ने, परिवर्तित कर अथवा निरसित कर संविधान में संशोधन करे। ऐसा संशोधन केवल विशेष बहुमत (दो-तिहाई) से ही किया जा सकता है।

स्मरण रहे कि स्वर्गीय श्री अटल बिहारी वाजपेयी की सरकार के कार्यकाल में दिनांक 18 अगस्त, 2003 को तत्कालीन उप-प्रधानमंत्री और गृहमंत्री श्री लालकृष्ण आडवाणीजी द्वारा दिल्ली राज्य विधेयक, 2003 को लोकसभा में पुनर्स्थापित किया गया था, इस विधेयक का आशय दिल्ली को पूर्ण राज्य का दर्जा देना था।

इस विधेयक के साथ-ही-साथ पूर्व उप-प्रधानमंत्री ने संविधान (102वाँ संशोधन) विधेयक, 2003 को भी पुनर्स्थापित किया था, जिसका लक्ष्य-2 अनुच्छेद 239कक और 239कख को समाप्त करना था।

प्रक्रिया-2

संविधान का अनुच्छेद-4 संसद् को एक नए राज्य के सृजन की व्यवस्था के लिए विधान में ऐसे संविधान संशोधन करने की शक्ति प्रदान करता है, जो एक पूर्ण राज्य के सृजन के लिए आवश्यक हो। इस प्रकार यह स्पष्ट है कि अनुच्छेद 3 और 4 के तहत एक नए कानून के अधिनियम का पूर्ण अधिकार है और ऐसे कानून में संविधान के ऐसे उपबंधों के संशोधन शामिल हो सकते हैं, जो किसी राज्य के सृजन के लिए आवश्यक हों। अत: किसी नए राज्य के सृजन के लिए आवश्यक संविधान संशोधन को अनुच्छेद 4 के खंड (2) के

उपबंध को देखते हुए अनुच्छेद 368 के तहत विशेष बहुमत द्वारा पारित करने की आवश्यकता नहीं होनी चाहिए।

पूर्व में ऐसे अवसर रहे हैं, जब संविधान के उपबंधों को कतिपय राज्य पुनर्गठन अधिनियमों के तहत संशोधित किया गया था, यथा बॉम्बे पुनर्गठन अधिनियम, 1960, पंजाब पुनर्गठन अधिनियम, 1966, पूर्वोत्तर क्षेत्र पुनर्गठन अधिनियम, 1971 और हाल ही में आंध्र प्रदेश पुनर्गठन अधिनियम, 2014।

तथापि, यदि इसका आशय सीमित अधिकार अथवा कुछ अतिरिक्त शक्तियों के साथ किसी राज्य का सृजन है, जो भारत के संविधान के मतभेदगत राज्यों को उपलब्ध नहीं है तो उक्त राज्य के अधिकार को सीमित करते हुए अथवा नव सृजित राज्य को अतिरिक्त अधिकार प्रदान करते हुए संविधान के उपबंधों में संशोधनों को पारित करने के लिए अनुच्छेद 368 के तहत विशेष बहुमत (उपस्थित और मतदान करनेवाले सदस्यों में से दो-तिहाई) की आवश्यकता होगी, साथ ही संविधान के ऐसे संशोधनों को एक पृथक् संविधान (संशोधन) विधेयक के रूप में पुनर्स्थापित किया जाएगा, न कि नए राज्य के सृजन हेतु प्रावधान करनेवाले कानून के भाग के रूप में।

(IX) दिल्ली को पूर्ण राज्य का दर्जा : पक्ष और विपक्ष में तर्क

दो तरह की विचारधाराएँ हैं—दिल्ली को संघ के पूर्ण राज्य बनाए जाने के पक्ष में और विपक्ष में। एक विचारधारा का मानना है कि प्राधिकारियों की बहुलता और कार्यों के आच्छादन से उत्पन्न समस्याओं का समाधान करने का एकमात्र रास्ता दिल्ली को पूर्ण राज्य का दर्जा देना है। दूसरी विचारधारा का मानना है कि दिल्ली भारत की राजधानी है, इसलिए केंद्र सरकार को अपनी राजधानी के संपूर्ण नियंत्रण को राज्य सरकार को नहीं देना चाहिए।

पूर्ण राज्य के पक्ष में तर्क

दिल्ली को संघ का पूर्ण राज्य बनाने के पक्ष में निम्नलिखित तर्क हैं—

(1) वर्तमान में दिल्ली की जनसंख्या लगभग 2 करोड़ है और यह तेजी से बढ़ रही है। यदि इतनी बड़ी संख्या दिल्ली के लोगों को अपने

प्रशासन, लोकतंत्र, जो सरकारी प्रणाली का आधार है और जिसे स्वतंत्रता प्राप्ति के बाद भारत के लोगों द्वारा अपनाया गया, को चलाने में प्रभावी अधिकार नहीं प्रदान किया जाता है तो इनका कोई अर्थ और तत्त्व नहीं रह जाएगा।

(2) संविधान निर्माताओं का कभी भी ऐसा इरादा नहीं था कि दिल्ली को एक उत्तरदायी सरकार के दायरे से बाहर रखा जाए। दिल्ली की भावी राजनीतिक व्यवस्था के संबंध में संविधान सभा में वाद-विवादों में इसके पर्याप्त प्रमाण हैं, क्योंकि कुछ सदस्यों ने इस आधार पर एक उत्तरदायी सरकार देने को उचित ठहराया कि उस समय दिल्ली की जनसंख्या लगभग दो मिलियन थी। आज की जनसंख्या उस संख्या से आठ गुना से भी अधिक है, जो इस तर्क को और मजबूत बनाती है।

(3) इन वर्षों में वर्तमान प्रणाली के कार्यकरण का अनुभव यह दरशाता है कि आम आदमी के समक्ष आनेवाली अधिकांश समस्याएँ दिल्ली के लोगों के प्रति प्रशासन की जवाबदेही की कमी के कारण हैं। लोगों के चुने हुए प्रतिनिधियों को सरकार चलाने की जिम्मेदारी नहीं सौंपी जाती है। उन्हें लोगों की आवश्यकताओं को पूरा करने अथवा उनकी शिकायतों के निवारण के लिए किसी भी प्रकार की आवश्यक शक्तियाँ नहीं होती हैं।

(4) दिल्ली को प्राधिकारियों की बहुलता और विभिन्न एजेंसियों के बीच तालमेल की अत्यधिक कमी का नुकसान हो रहा है। अतिव्यापी कार्यों सहित प्राधिकारियों की बहुलता मुख्य रूप से स्थानीय स्तर पर समन्वय, नियंत्रण और कमान के एकल सरकार की कमी के कारण है।

(5) यद्यपि दिल्ली में विधानसभा और मंत्री परिषद् है, किंतु इन्हें भारत में किसी अन्य राज्य को उपलब्ध सभी शक्तियाँ प्रदान नहीं की गई हैं। 'भूमि' और 'पुलिस' जैसे महत्त्वपूर्ण विषयों को केंद्र सरकार ने अपने पास रखा है। जरा एक ऐसे मुख्यमंत्री के बारे में सोचिए,

जो अपनी सुरक्षा ड्यूटी में लगे किसी कॉन्सटेबल को ड्यूटी के दौरान शराब पीते हुए पाए जाने पर सजा या स्थानांतरित भी नहीं कर सकता अथवा मुख्यमंत्री के आदेश की अवहेलना करने पर उस पर दोष नहीं लगा सकता। दिल्ली को किस प्रकार का मुख्यमंत्रित्व प्रदान किया गया है, जहाँ वह जिस भूमि पर प्रशासन चलाता है, वह किसी और सरकार के पास है? इस प्रकार मुख्यमंत्रियों के समागम में दिल्ली के मुख्यमंत्री को सरकारी कार्यों में अपेक्षाकृत कम अधिकार दिए गए हैं।

(6) यदि दिल्ली में कोई राज्य सरकार है, जैसा कि अन्य महानगरों में है, तो नगर निगम इसके नियंत्रणाधीन कार्य करेगा और नीति व सेवाओं के मामले में स्थानीय स्तर पर निरीक्षण किया जाएगा। चूँकि वर्तमान में दिल्ली एक संघ राज्य क्षेत्र है और एम.सी.डी. संसद् के एक अधिनियम के द्वारा अस्तित्व में आया है, इसलिए एम.सी.डी. दिल्ली सरकार के अधीन नहीं है। यदि दिल्ली सरकार का मुखिया और एम.सी.डी. का मुखिया दो अलग राजनीतिक दलों से हों तो वे लगातार एक-दूसरे के विपरीत कार्य करेंगे और इससे विकास अवरुद्ध होगा। वर्तमान में, केंद्र सरकार द्वारा एम.सी.डी. पर नियंत्रण उदासीनता भरी बात है, जिसके परिणामस्वरूप नागरिक सेवाओं की गुणवत्ता और पैमाने का स्तर लोगों की सामान्य आकांक्षाओं के अनुसार नहीं है।

(7) दिल्ली विधानसभा भूमि, पुलिस, लोक व्यवस्था और सेवाओं जैसे विषयों पर कानून बनाने के लिए सक्षम नहीं है। पूर्ण शक्ति प्राप्त विधानसभा के नहीं होने से दिल्ली के नागरिक अपने चुने हुए प्रतिनिधियों के माध्यम से कानून बनाने तथा अपनी सामाजिक व आर्थिक आवश्यकताओं की पूर्ति के लिए आवश्यक कानून बनाने के मूलभूत अधिकार से वंचित हैं। वे योजना, विकास, सेवा नियंत्रण, वित्त आदि जैसे महत्त्वपूर्ण मामलों में अपनी प्रभावी आवाज उठाने से भी वंचित हैं। वर्तमान प्रणाली में महत्त्वपूर्ण मामलों में से किसी

भी मामले में निर्णय लेने का उल्लेख नहीं है, जो स्थानीय स्तर पर आम आदमी को प्रभावित करता हो। उस हद तक दिल्ली के लोग अपनी आवश्यकताओं की पूर्ति अथवा अपनी शिकायतों के निवारण के लिए एक प्रभावी मंच से वंचित हैं।

(8) इसे संघ के एक पूर्ण संवैधानिक राज्य का दर्जा देने से दिल्ली के लोगों की लोकतांत्रिक और राजनीतिक आकांक्षाएँ पूरी होंगी। केवल इस आधार पर उन्हें इस अधिकार से वंचित करने का औचित्य नहीं ठहराया जा सकता कि वे राष्ट्रीय राजधानी क्षेत्र में रह रहे हैं। हमारे देश में ऐसे राज्य हैं, जिनका आकार, जनसंख्या और वित्तीय संसाधन दिल्ली की अपेक्षा कम हैं। कुछ ऐसे संघ राज्य क्षेत्र हैं, जिनकी जनसंख्या दिल्ली से बहुत ही कम है, जो उसके बाद राज्य बन गए हैं। जब भारत के अधिकांश भागों में लोग स्वतंत्रता का आनंद उठा रहे हैं, तो क्या यह एक विडंबना नहीं है कि दिल्ली के लोग, जो अन्य राज्यों के लोगों की तुलना में किसी भी रूप में कमतर नहीं हैं और जिन्होंने स्वतंत्रता की प्राप्ति में अपना योगदान व बलिदान दिया है, को ऐसे फल से वंचित रखा जाए।

(9) सामान्य व्यक्ति की अवधारणा में राज्य का दर्जा संविधान के तहत उपलब्ध राजनीतिक संगठन का सबसे ऊँचा और सबसे अपेक्षित रूप को प्रस्तुत करता है, जिसके माध्यम से वह अपने चुने हुए प्रतिनिधियों के माध्यम से किसी अधिकारप्राप्त विधान मंडल और कार्यपालिका में प्रभावी तरीके से भागीदारी कर सकता है, जिसके परिणामस्वरूप वह अपनी आकांक्षाओं को पूरा कर सकता है। राजनीतिक संगठन के ऐसे रूप को अस्वीकार करने से दिल्ली के नागरिकों के मन में बहुत निराशा का भाव उत्पन्न होता है और आकांक्षाएँ अधूरी रहती हैं।

(10) दिल्ली को संघ का एक राज्य बनाने के विपक्ष में सामान्यतया दिए गए तर्कों में कोई दम नहीं है कि ऐसा कदम राष्ट्रीय राजधानी के कार्यकरण के लिए घातक होगा, क्योंकि केंद्र सरकार और दिल्ली

राज्य सरकार के बीच विवाद और उलझन हो सकती है, विशेष रूप से जब दोनों सरकारों में सत्ताधारी राजनीतिक दल अलग-अलग हों। इस तर्क में इस तथ्य को नजरअंदाज किया गया है कि हमारे संविधान को इस तरह से तैयार किया गया है, ताकि संघ के विभिन्न राज्यों में अलग-अलग राजनीतिक दलों और स्वयं केंद्र में भिन्न राजनीतिक दल के सत्ता में रहने के बाद भी सुचारु रूप से कार्य चलता रहे। संविधान ने केंद्र सरकार को राष्ट्रीय हितों की आवश्यकता के प्रतिकूल कार्य कर रहे राज्यों से निपटने के लिए पर्याप्त शक्तियाँ प्रदान की हैं। स्वतंत्रता के सात दशकों से अधिक समय के दौरान दिल्ली सहित भारत के लोगों को प्राप्त राजनीतिक परिपक्वता किसी भी राज्य सरकार की ओर से उनके गैर-जिम्मेदारी भरे व्यवहार से रक्षा के लिए पर्याप्त है। कोई भी राज्य सरकार राष्ट्रीय हितों के बिना केंद्र सरकार के संबंध में मनमाने तरीके से अथवा गैर-जिम्मेदार तरीके से कार्य कर नहीं सकती है, जिसका राष्ट्र पर प्रतिकूल प्रभाव पड़ता हो। यह भी मानने का कोई आधार नहीं है कि दिल्ली में लोकतांत्रिक सरकार संघ के किसी अन्य राज्य की तुलना में कम जिम्मेदारीपूर्ण तरीके से कार्य करेगी अथवा दिल्ली की सर्वदेशीय जनसंख्या के हित को संघ द्वारा अन्यथा नहीं लिया जा सकता है।

(11) इस विवाद में कोई तथ्य नहीं है कि दिल्ली की वित्तीय मजबूती और अर्थक्षमता के कारण पूर्ण राज्य की अनुशंसा का औचित्य नहीं ठहराया जा सकता। दिल्ली एक उभरता हुआ वाणिज्यिक और कारोबारी केंद्र है, जहाँ प्रति व्यक्ति आय अधिक है और कर व राजस्व संग्रहण की बहुत बड़ी संभावना है। यदि दिल्ली विधानमंडल के साथ एक पूर्ण राज्य बन जाता है, तो यह अपने स्वयं का कर ढाँचा विकसित कर सकता है ताकि दिल्ली के राजस्व में अपेक्षित बढ़ोतरी की जा सके। निःसंदेह दिल्ली के राजकोष के लिए केंद्र की सहायता पर निर्भर रहना पड़ेगा, क्योंकि

संघ के प्रत्येक अन्य राज्य को भी निर्भर रहना पड़ता है। किसी भी मामले में दिल्ली सरकार द्वारा राष्ट्रीय राजधानी के प्रशासन के लिए विशेष जिम्मेदारियों को देखते हुए विशेष वितरण और वित्तीय सहायता माँगना औचित्यपूर्ण होगा।

पूर्ण राज्य के विपक्ष में तर्क

दिल्ली को पूर्ण राज्य नहीं प्रदान करनेवालों द्वारा निम्नलिखित तर्क दिए जाते हैं—

(1) यदि दिल्ली को संघ का राज्य बना दिया जाए, जो संघ और राज्य के बीच शक्ति और कार्य को लेकर संवैधानिक विभाजन होगा और इसके परिणामस्वरूप केंद्र के पास इन मामलों से निपटने या इसमें हस्तक्षेप करने का कोई क्षेत्राधिकार अथवा अधिकार नहीं होगा, जो मामले संविधान की राज्य सूची के मतभेदगत आता है। इससे गंभीर समस्याएँ पैदा हो सकती हैं, क्योंकि राष्ट्रीय राजधानी के संदर्भ में केंद्र की विशेष जिम्मेदारी होती है, विशेषकर लोक व्यवस्था बनाए रखने में और राजधानी शहर के प्रशासन और विकास में। यह राष्ट्रहित में होगा कि केंद्र सरकार के पास इसके निरपेक्ष सभी मामलों में उन्मुक्त शक्तियाँ हों कि यह मामला संघ सूची के मतभेदगत आता है अथवा राज्य सूची के ऐसे अवसर उत्पन्न हो सकते हैं, जब राज्य सूची यथा लोक व्यवस्था, भूमि उपयोग आदि से जुड़े मामलों के कार्यकरण अथवा अधिकार के दैनिक प्रयोग में भी केंद्र के लिए राष्ट्रीय हित में काररवाई करना आवश्यक हो जाए और यदि दिल्ली एक पूर्ण राज्य बन जाता है तो ऐसी काररवाई लगभग असंभव हो जाएगी।

(2) इसमें कोई संदेह नहीं है कि जब आपात स्थिति की घोषणा होती है अथवा जब राज्य किसी भी काररवाई को करने के लिए राष्ट्रपति शासन के अधीन होता है अथवा राज्य के प्रशासन से संबंधित मामलों में हस्तक्षेप करने अथवा संघ की कार्यपालक शक्ति से परे मामले के संबंध में राज्य को निर्देश देना होता है तो संविधान

केंद्र को कुछ शक्तियाँ प्रदान करता है, किंतु ये शक्तियाँ केवल आपातकालीन स्थिति में ही उपलब्ध हैं और सामान्य परिस्थितियों में इनका इस्तेमाल नहीं किया जा सकता। राष्ट्रीय राजधानी में ऐसी शक्तियों के प्रयोग की आवश्यकता प्राय: उठते रहने की संभावना होती है और ऐसे नियमित मामलों में आपातकालीन शक्तियों का सहारा लेना अकल्पनीय है।

(3) राष्ट्रीय राजधानी क्षेत्र के प्रशासन को प्राय: ऐसे आपातकालीन घटनाक्रमों से निपटना पड़ता है, जिनमें सुरक्षा अथवा शांति और कई विशेष समस्याएँ, जो राजधानी के लिए विचित्र होती हैं और किसी राज्य के महानगर के समक्ष सामान्यतया आनेवाली समस्याओं से अधिक बड़ी और जटिल होती हैं। अत: किसी भी राज्य सरकार को अपने सीमित संसाधनों के साथ ऐसी बड़ी और जटिल समस्याओं से प्रभावी रूप से निपटना एकदम कठिन होगा।

(4) राष्ट्रीय राजधानी के रूप में दिल्ली वैध सरकार को हटा देने के प्रयास के लिए सुभेद्य है और इसके विदेशी शक्तियों अथवा संगठनों द्वारा उकसाए जाने सहित राष्ट्र विरोधी अथवा पृथकतावादी प्रवृत्तियों या गतिविधियों के केंद्र बनने की क्षमता भी हो सकती है। ऐसी प्रवृत्तियों और गतिविधियों को नियंत्रित करने तथा समग्र रूप से देश की सुरक्षा व संरक्षा को सुनिश्चित करने के लिए अप्रत्यक्ष या प्रत्यक्ष काररवाई विशेषज्ञता और संसाधनों द्वारा ही बेहतर तरीके से की जा सकती है, जो कि केंद्र सरकार के पास उपलब्ध होती है।

(5) दिल्ली की स्थिति ऐसी है कि इसे बिजली, जलापूर्ति और अन्य आवश्यक वस्तुओं, जिनमें खाद्यान्न शामिल है, जैसे कई मामलों के लिए आवश्यक रूप से अन्य राज्यों पर निर्भर रहना पड़ता है। दिल्ली राज्य सरकार से स्वयं ही ऐसी आवश्यक सेवाओं और आपूर्तियों की आशा करना अवास्तविक होगा। यदि दिल्ली और जिन राज्यों पर यह आवश्यक वस्तुओं व सेवाओं के लिए निर्भर है, में भिन्न राजनीतिक दलों का शासन हो तो ये समस्याएँ और बढ़ सकती हैं।

नि:संदेह केंद्र दिल्ली की विशेष आवश्यकताओं को पूरा करने की बेहतर स्थिति में होगा।

(6) राष्ट्रीय राजधानी का विशेष रूप से इस संघीय व्यवस्था में अद्वितीय दर्जा है और कतिपय भिन्न विशेषताएँ हैं और समग्र रूप से देश के लिए इसके महत्त्व को देखते हुए इसे इस भूभाग में अवस्थित अथवा एकल राज्य द्वारा नियंत्रित होने की अपेक्षा सभी राज्यों से जुड़ा होना चाहिए। प्रबल और लाभकारी स्थिति में ऐसे राज्य को रखने के अलावा ऐसी व्यवस्था से अन्य राज्यों के लिए असंतोष उत्पन्न हो सकता है। केवल एक राज्य द्वारा राष्ट्रीय राजधानी का नियंत्रण राष्ट्रीय राजधानी की शासन व्यवस्था में शेष राज्यों और केंद्र सरकार के समग्र हितों की सुरक्षा को सुनिश्चित करने के लिए सहायक नहीं हो सकता। विश्व के अन्य देशों में राष्ट्रीय राजधानियों के संदर्भ में, विशेष कर उन देशों में, जहाँ संघीय ढाँचा है यथा अमेरिका, कनाडा और ऑस्ट्रेलिया में की गई ऐसी व्यवस्था इस विचार को पुष्ट करती है कि देश की राजधानी को केंद्र सरकार के अधीन होना चाहिए और केवल संघीय संसद् को ही राजधानी के संबंध में कानून बनाने का अधिकार होना चाहिए।

(7) सामान्यतया किसी राज्य सरकार अथवा इसके विधान मंडल की चिंता स्थानीय मुद्दों को लेकर होती है। किसी भी स्थिति में इसके कार्यकरण में सामान्यतया इसका जोर स्थानीय मुद्दों पर होता है। यह एक ज्ञात तथ्य है कि विधानसभा का चुनाव मुख्य रूप से स्थानीय समस्याओं पर ही लड़ा जाता है। ऐसी संस्थाओं से यह आशा नहीं की जा सकती कि वे राष्ट्रीय मुद्दों के साथ पर्याप्त रूप से निपटें व न्याय करें।

(8) राष्ट्रीय राजधानी को न केवल देश के लोगों के लिए, बल्कि मतभेद राष्ट्रीय समुदायों के लिए भी राष्ट्र का प्रतीक माना जाता है। इन मामलों यथा कानून-व्यवस्था, सुरक्षा बनाए रखने, आवश्यक वस्तुओं और सेवाओं की आपूर्ति बनाए रखने, परिवहन आदि में

प्रशासन का मानक पर्याप्त रूप से अधिक होना चाहिए, जो इसके दर्जे और महत्त्व के अनुकूल हो। इसे राष्ट्रीय सरकार द्वारा प्राप्त किया जा सकता है, जिनके पास अपेक्षित संसाधन होते हैं।

(9) चूँकि दिल्ली एक राष्ट्रीय राजधानी है, इसलिए सभी प्रतिष्ठित राष्ट्रीय संस्थाएँ यथा राष्ट्रपति भवन, उच्चतम न्यायालय, तीनों सेनाओं के मुख्यालय, अंतरराष्ट्रीय हवाई अड्डे आदि दिल्ली में अवस्थित हैं। यहाँ सभी विदेशी कूटनीतिक मिशन, दूतावास, उच्चायोग आदि एवं राष्ट्रीय एजेंसियाँ हैं। संघ से जुड़े बहुत सारे भवन और संपत्तियाँ भी दिल्ली में अवस्थित हैं। इन संस्थाओं और भवनों पर उचित ध्यान और अनुरक्षण करने तथा उचित वातावरण बनाए रखने की आवश्यकता को देखते हुए यह आवश्यक होगा कि दिल्ली को केंद्र सरकार के अधीन रखा जाए।

(10) कई लोग राष्ट्रीय राजधानी को संश्लिष्ट संस्कृति का केंद्र मानते हैं, जो देश की विविध संस्कृतियों से भिन्न है। यह एक आस्ति है, जिसे राष्ट्रीय सरकार द्वारा ही अक्षुण्ण रखा जा सकता है और विकसित किया जा सकता है।

(11) दिल्ली एक केंद्र शासित राज्य है, इसके व्यय को केंद्र सरकार द्वारा पूरा किया जाता है। केंद्र सरकार से पर्याप्त वित्तीय सहायता के बिना राष्ट्रीय राजधानी दिल्ली पर्याप्त दर्जा अथवा सेवाओं और सुविधाओं के मानकों को बनाए नहीं रख सकती, जो राजधानी शहर के लिए अनिवार्य है। यदि दिल्ली एक पूर्ण राज्य बन जाए तो अन्य राज्यों पर प्रयोज्य केंद्र से वित्तीय सहायता के संबंध में मानक व प्रतिबंध स्वयं ही आरोप्य होंगे और इसके परिणामस्वरूप इसके संसाधनों में कमी आएगी, जिससे दिल्ली की आवश्यकताओं को पूरा करने में कठिनाई होगी।

(12) यदि राष्ट्रीय राजधानी किसी राज्य सरकार के अधीन हो तो ऐसे अवसर उत्पन्न हो सकते हैं, जब केंद्र और राज्य के बीच संघर्ष और विवाद उत्पन्न हों, विशेषकर जब इन पर भिन्न राजनीतिक दलों का

शासन हो। ऐसे विवाद और भी प्रबल हो सकते हैं, यदि ये विवाद संविधान के तहत राज्य के अपने क्षेत्र से जुड़े हों। यदि राजधानी में केंद्र और राज्य के बीच ऐसा संघर्ष हो तो यह संपूर्णतः देश के हित में नहीं होगा।

(X) राज्य का दर्जा : क्या इससे दिल्लीवासियों को लाभ होगा ?

कई लोगों का विचार है कि दिल्ली को पूर्ण राज्य का दर्जा देना विभिन्न कारणों से अव्यावहारिक होगा और इससे कई समस्याएँ उत्पन्न हो सकती हैं, जिनके बारे में अभी तक सोचा भी नहीं गया है।

केंद्र शासित प्रदेशों के पूर्ण राज्य बन जाने की स्थिति में कम-से-कम तीन मुख्य क्षेत्र ऐसे हैं, जिसमें राजधानी क्षेत्र के निवासी प्रतिकूल रूप से प्रभावित हो सकते हैं, ये क्षेत्र हैं—स्वास्थ्य, शिक्षा और परिवहन।

उदाहरण के लिए विशेष रूप से उच्च शिक्षा को ही लें। वर्तमान में दिल्ली में तीन प्रसिद्ध केंद्रीय विश्वविद्यालय हैं, नामतः दिल्ली विश्वविद्यालय, जवाहरलाल नेहरू और जामिया मिलिया इस्लामिया विश्वविद्यालय। इन तीनों विश्वविद्यालयों को विश्वविद्यालय अनुदान आयोग के माध्यम से केंद्र सरकार का वित्तपोषण प्राप्त होता है। वित्तीय वर्ष 2016-17 में इन तीनों विश्वविद्यालयों को कुल 2633 करोड़ रुपए की वित्तीय सहायता प्राप्त हुई*। और यदि दिल्ली को पूर्ण राज्य का दर्जा हासिल हुआ तो यह राशि दिल्ली को नहीं मिल सकती।

जहाँ तक स्वास्थ्य क्षेत्र का संबंध है, दिल्ली में कई सुपर स्पेशिएलिटी अस्पताल अनुसंधान एवं स्वास्थ्य केंद्र हैं, जिनका पूर्ण वित्तपोषण केंद्र सरकार द्वारा किया जाता है। इनमें विश्व प्रसिद्ध अखिल भारतीय आयुर्विज्ञान संस्थान (एम्स) शामिल है।

भारत की प्रमुख चिकित्सा संस्था के रूप में संसद् के एक अधिनियम के तहत सन् 1956 में स्थापित इस अस्पताल में रोजाना 40,000 से 50,000 लोग आते हैं। वर्ष 2019 में ओ.पी.डी. में रोजाना आनेवाले लोगों की संख्या 15000 थी। वर्ष 2016-17 में ओ.पी.डी. में 3.5 मिलियन रोगियों का इलाज हुआ

** पूर्ण राज्य के दर्जे की अव्यावहारिक माँग : राष्ट्रीय दैनिकों में प्रकाशित वक्तव्य*

और 1.7 लाख सर्जरी हुईं**। उसी प्रकार अन्य केंद्र सरकार द्वारा वित्तपोषित अस्पतालों यथा सफदरजंग अस्पताल, आर.एम.एल. अस्पताल आदि के बारे में भी यही कहा जा सकता है। नीचे दी गई सारणी में अस्पतालवार प्राप्त केंद्रीय वित्तपोषण, उनके क्रियाकलाप और दिल्ली के लोगों को दी गई स्वास्थ्य सेवाओं की प्रकृति के बारे में दरशाया गया है—

सारणी-1

पिछले तीन वर्षों के दौरान केंद्र सरकार द्वारा वित्तपोषित अस्पताल को स्वास्थ्य और परिवार कल्याण मंत्रालय (भारत सरकार) द्वारा प्रदान किया गया वार्षिक अनुदान (करोड़ रुपए)

अस्पताल का नाम	2016-17	2017-18	2018-19
एम्स	2043.00	2400.00	3018.00
सफदरजंग अस्पताल	943.98	1121.39	1177.17
पी.जी.आई.एम.ई.आर., आर.एम.एल. अस्पताल	492	556.87	562.49
लेडी हार्डिंग महाविद्यालय और सुचेता कृपलानी अस्पताल	296	406.49	410..74
कलावती शरण बाल चिकित्सालय	90	105.48	111.81
राष्ट्रीय क्षय एवं श्वसन रोग संस्थान	70.20	91.20	91.71
वल्लभभाई पटेल चेस्ट संस्थान	51.00	62.98	65.50

स्रोत : राज्यसभा अतारांकित प्रश्न संख्या 419 दिनांक 25.6.2019

***द हिंदुस्तान टाइम्स, 14 मार्च, 2019*

सारणी-2
दिल्ली के केंद्र सरकार द्वारा वित्तपोषित अस्पतालों में की गई शल्य चिकित्सा की संख्या

अस्पताल का नाम	**2016-17**	**2017-18**	**2018-19**
एम्स	1,93,034	2,57,465	--
सफदरजंग अस्पताल	1,03,264	1,01,411	83,037
आर.एम.एल. अस्पताल	53,473	59,364	70,147
लेडी हार्डिंग महाविद्यालय और सुचेता कृपलानी अस्पताल	19,410	17,140	18,127
राष्ट्रीय क्षय एवं श्वसन रोग संस्थान	648	596	710

स्रोत : राज्यसभा अतारांकित प्रश्न संख्या 419 दिनांक 25.06.2019

सारणी-3
दर्ज ओ.पी.डी. रोगियों की संख्या

अस्पताल का नाम	**2016-17**	**2017-18**	**2018-19**
एम्स	41,40,747	43,55,338	41,45,453
सफदरजंग अस्पताल	31,11,973	31,09,487	32,98,638
आर.एम.एल. अस्पताल	18,34,491	20,51,506	22,46,888
लेडी हार्डिंग महाविद्यालय और सुचेता कृपलानी अस्पताल	79,17,277	75,76,820	7,91,296

स्रोत : राज्यसभा अतारांकित प्रश्न संख्या 419 दिनांक 25.06.2019

इस प्रकार, वर्ष 2017-18 के दौरान केंद्र सरकार ने इन अस्पतालों को लगभग 5000 करोड़ रुपए की विशाल धनराशि प्रदान की।

सुपर स्पेशिएलिटी अस्पतालों का यह समूह दिल्ली के लोगों की जीवन रेखा है। यदि दिल्ली एक पूर्ण राज्य बन जाए और केंद्रीय सरकार उनका

वित्तपोषण करना बंद कर दे व यह जीवन रेखा अस्तित्वहीन हो जाए तो एक व्यक्ति दिल्ली में रहने अथवा ठहरने के बारे में सोचकर भी काँप उठेगा।

अब हम सार्वजनिक परिवहन परिदृश्य का अवलोकन करते हैं।

दिल्ली मेट्रो के बिना सार्वजनिक परिवहन प्रणाली पूरी तरह चरमरा जाएगी। वर्तमान में दिल्ली में प्रति लाख लोगों पर केवल 17 बसें हैं, वहीं बीजिंग में प्रति लाख लोगों पर 107 बसें हैं। दिल्ली में केवल 5279 बसें हैं, जबकि इस शहर को 11,500 बसों की आवश्यकता है। यह भी खतरनाक है कि ये बसें अब पुरानी हो रही हैं—डी.टी.सी. की सभी 3600 बसें आठ वर्ष से ऊपर की हो चुकी हैं।

दिल्ली में प्रतिदिन कुल 252 लाख लोग सफर करते हैं, उनमें से दिल्ली मेट्रो में प्रतिदिन 25 लाख लोग सफर करते हैं।*

हाल ही में उच्चतम न्यायालय को मेट्रो की वित्तीय प्रतिबद्धता के मामले में दिल्ली सरकार और केंद्र के बीच गतिरोध को समाप्त करने के लिए हस्तक्षेप करना पड़ा और निर्देश देना पड़ा कि दिल्ली मेट्रो के चरण चार के 104 किमी. के संबंध में लंबित कार्य को शीघ्र पूरा किया जाए।

1997 से शुरू होकर 21 वर्षों में अपने 3 चरणों के लिए दिल्ली मेट्रो को केंद्र सरकार से 70,432 करोड़ रुपए मिले, जिसमें से दिल्ली सरकार का योगदान कुल मेट्रो परियोजना लागत का केवल 12.3 प्रतिशत अर्थात् 8682 करोड़ रुपए था।**

दिल्ली पुलिस, जिसका नियंत्रण केंद्र के पास है, को वित्तीय वर्ष 2017-18 में केंद्र सरकार से 6,953 करोड़ का आवंटन हुआ।

दिल्ली ने विश्व स्तरीय हवाई अड्डा—इंदिरा गांधी अंतरराष्ट्रीय हवाई अड्डे का निर्माण किया, जबकि इसकी सीमा से सटे बड़े राज्यों यथा उत्तर प्रदेश और हरियाणा में ऐसी सुविधा नहीं है। दिल्ली इस विश्व स्तरीय हवाई अड्डे को केवल इसलिए बना सका, क्योंकि उसे राष्ट्र की राजधानी होने के कारण केंद्र सरकार से उदार वित्तपोषण प्राप्त हुआ।

□

**हिंदुस्तान टाइम्स, 09 जुलाई, 2019*

*** राष्ट्रीय दैनिक समाचार-पत्रों में प्रकाशित वक्तव्य*

4

दिल्ली का संवैधानिक इतिहास

(i) 1857-1947 के ब्रिटिश काल के दौरान स्थिति

1857 की घटनाओं के दौरान दिल्ली शहर भँवर में था। 1857 की घटनाओं को ब्रिटिश इतिहासकारों द्वारा भारतीय विद्रोह (इंडियन म्यूटिनी) के रूप में वर्णित किया गया तथा भारतीय इतिहासकारों द्वारा इसे पहला स्वतंत्रता संग्राम कहा गया। इस युद्ध के उपरांत, मुगल बादशाह के विरुद्ध एक आयोग द्वारा अभियोग चलाया गया और उसे ब्रिटिश सरकार के खिलाफ विद्रोह का दोषी ठहराया गया। 1858 में, लोगों का एक सामान्य निरस्त्रीकरण हुआ और कुछ गाँवों से जुरमाना वसूला गया। 1858 के अधिनियम XXXVIII द्वारा दिल्ली को फ्रंटियर प्रांत का एक प्रांतीय शहर बना दिया गया। कालांतर में, इसे एक उप-राज्यपाल के तहत नवगठित पंजाब में स्थानांतरित कर दिया गया।

जब 1857 में अंग्रेजों ने दिल्ली पर पुनः अधिकार कर लिया, तब उन्होंने इसके क्षेत्र का गठन पंजाब प्रांत के एक जिले के रूप में किया। यह व्यवस्था अगले 55 वर्षों तक चलती रही, यानी वर्ष 1912 तक। दिल्ली में वर्ष 1877 और 1903 में ब्रिटिश साम्राज्य की महिमा का बखान करने के लिए शाही दरबार आयोजित किए गए। उस समय बंगाल की प्रांतीय सरकार और केंद्र सरकार, दोनों का शासन केंद्र कलकत्ता था। यह ध्यान रखना दिलचस्प है कि बंगाल के गवर्नर और ब्रिटिश गवर्नर जनरल के बीच अधिकार और अधिकार क्षेत्र को लेकर टकराव हुए, जिसके कारण लॉर्ड हार्डिंग ने लंदन में सेक्रेटरी ऑफ स्टेट का ध्यान इन मतभेदों की ओर आकर्षित किया। 25 अगस्त, 1911 के अपने प्रसिद्ध प्रेषण में लॉर्ड हार्डिंग ने जोर देकर कहा, 'एक महान् केंद्र सरकार की

राजधानी अलग और स्वतंत्र होनी चाहिए तथा संयुक्त राज्य अमेरिका, कनाडा और ऑस्ट्रेलिया में इस सिद्धांत पर अमल किया जा चुका है।' गवर्नर जनरल ने भी धीरे-धीरे प्रांत को सभी प्रांतीय मामलों में स्व-सरकार का एक बड़ा दायित्व सौंपते हुए और उसके ऊपर भारत सरकार का नियंत्रण रख कुशासन के मामले में हस्तक्षेप करने की शक्ति अपने पास रखते हुए, अपने कार्यों को सामान्यत: साम्राज्य की चिंता संबंधी मामलों के लिए सीमित करते हुए भारत के लिए एक अर्धसंघीय नीति की परिकल्पना की। उसने केंद्र सरकार की सत्ता को प्रांतीय सरकार की सत्ता से अलग रखने की आवश्यकता पर जोर दिया।

राजधानी को कलकत्ता से स्थानांतरित करने का निर्णय 1905 में प्रांत के विभाजन के परिणामस्वरूप राजनीतिक घटनाक्रमों के कारण बंगाल में हो रही क्रांतिकारी सरगर्मियों से राजधानी को बचाने की आवश्यकता से भी आंशिक रूप से प्रभावित था। भौगोलिक रूप से, अब कलकत्ता राजधानी बने रहने के लिए उपयुक्त नहीं था, क्योंकि यह स्थान ब्रिटिश भारत के केंद्र में स्थित नहीं था। इन परिस्थितियों में दिल्ली का विकल्प प्रांतीय और केंद्र सरकारों के बीच प्राधिकार और अधिकार-क्षेत्र पर टकराव से बचने के लिए व्यक्त की गई आवश्यकता के अलावा रणनीतिक, राजनीतिक और ऐतिहासिक विचारों के अनुसार तय किया गया था।

यह स्पष्ट रूप से भारत के सेक्रेटरी ऑफ स्टेट मार्क्विस ऑफ क्रेव की टिप्पणियों में सामने आता है, जिन्होंने इस संबंध में दिसंबर 1911 के गृह विभाग की काररवाई में उल्लेख किया है—

'दिल्ली की प्राचीन दीवारें कांस्टेंटिनोपल की तुलना में, या स्वयं रोम की तुलना में एक साम्राज्यवादी परंपरा को सुनिश्चित नहीं करती हैं, लेकिन मौजूदा शहर के निकट पड़ोस में हिंदू इतिहास के प्राचीन समय की कुछ ऐसी सबसे उल्लेखनीय घटनाएँ घटी हैं, जिनका राष्ट्रीय महाकाव्य कड़ी के विशाल भंडार में गुणगान किया जाता है। भारतीय लोगों के लिए किंवदंतियाँ और अतीत की घटनाएँ बहुत ज्यादा गहन अर्थ रखती हैं तथा सम्माननीय साम्राज्य के आसन की सर्वोच्च शक्ति के द्वारा इस पुनरारंभ को अविलंब निरंतरता स्थापित कर देनी चाहिए तथा संपूर्ण देश ब्रिटिश संप्रभु शासन के स्थायित्व का आभास दे देना

चाहिए। ऐतिहासिक कारण इस प्रकार गहरे महत्त्व के राजनीतिक कारण साबित होंगे और प्रस्तावित परिवर्तन के पक्ष में वास्तविक मायने साबित होंगे।'+

ब्रिटिश भारत की राजधानी को कलकत्ता से दिल्ली स्थानांतरित करने के निर्णय की घोषणा दिल्ली में दिल्ली विश्वविद्यालय के निकट किंग्सवे कैंप क्षेत्र में 12 दिसंबर, 1911 को आयोजित राज्याभिषेक दरबार में की गई थी। इस घोषणा के बाद सरकारी अधिसूचना संख्या 911, 17 सितंबर को जारी की गई थी, जिसके अंतर्गत 1912, तहत गवर्नर जनरल-इन-काउंसिल ने दिल्ली तहसील और महरौली के पुलिस स्टेशन को मिलाकर बने, उस क्षेत्र को अपने अधिकार क्षेत्र में ले लिया, जो पहले पंजाब प्रांत में शामिल थे। उक्त अधिसूचना में इन क्षेत्रों का प्रशासन एक मुख्य आयुक्त के अंतर्गत एक अलग प्रांत के रूप में किए जाने के लिए प्रावधान किया गया। यह मुख्य आयुक्त एक मंडल के आयुक्त, वित्त आयुक्त, जन्म और मृत्यु के पंजीयक, पंजीकरण और पुलिस के महानिरीक्षक के कार्यों का प्रयोग करता था। बाकी कार्य पंजाब सरकार के अधिकारी करते थे। दिल्ली विधि अधिनियम, 1912 (1912 का तेरहवाँ) और दिल्ली विधि अधिनियम, 1915 (1915 का अधिनियम संख्या 7) में दिल्ली के मुख्य आयुक्त के दिल्ली प्रांतवाले क्षेत्र में कानून की निरंतरता के लिए तथा गवर्नर जनरल-इन-काउंसिल द्वारा ब्रिटिश भारत के किसी भी हिस्से में लागू होनेवाले अन्य अधिनियमों के दिल्ली में विस्तार के लिए प्रावधान किए गए। वर्ष 1915 में, 65* गाँववाले यमुना-पार क्षेत्रों को आगरा और अवध के पूर्व संयुक्त प्रांतों से अलग कर दिया गया और उन्हें मुख्य आयुक्त के दिल्ली प्रांत में जोड़ दिया गया। कुछ 673 वर्ग मील के क्षेत्र के साथ दिल्ली एक अलग प्रशासनिक इकाई बन गई।

वर्ष 1919 के भारत सरकार अधिनियम के तहत, भारतीय विधायिका के पास दिल्ली प्रांत के लिए कानून बनाने की शक्ति थी, हालाँकि दिल्ली के लिए

+ इंडियन समर : लुटियंस, बेकर एंड इंपीरियल दिल्ली-रॉबर्ट ग्रांट इरविंग, ऑक्सफोर्ड यूनिवर्सिटी प्रेस, लंदन, 1981 (मूल पाठ अंग्रेजी में)

** दिल्ली पुनर्गठन संबंधी समिति सरकारिया-बालाकृष्णन कमेटी की रिपोर्ट, दिसंबर 1989 से उद्धृत।*

कानून पंजाब और अन्य राज्यों में लागू कानून के विस्तार द्वारा दिल्ली विधि अधिनियम, 1912 और 1915 के अंतर्गत जारी अधिसूचना द्वारा बनाया गया था। इसने गवर्नर जनरल-इन-काउंसिल को यह सुनिश्चित करने के लिए सक्षम किया कि जहाँ तक संभव हो, दिल्ली के कानून की पंजाब के कानूनों के साथ एकरूपता होनी चाहिए, क्योंकि दिल्ली का एक बड़ा हिस्सा मूल रूप से पंजाब प्रांत का एक प्रशासनिक जिला था।

भारत सरकार अधिनियम, 1935 ने दिल्ली के लिए प्रशासनिक व्यवस्था में कोई भौतिक परिवर्तन नहीं किया और यह पहले की तरह गवर्नर जनरल, जो 'अपने विवेक से नियुक्त किए गए एक मुख्य आयुक्त के माध्यम से उस मात्रा तक कार्य करेगा, जितनी वह ठीक समझता है', द्वारा सीधे प्रशासित मुख्य आयुक्त का एक प्रांत बना रहा।

(ii) 1947 से 1950 के दौरान स्थिति

1947 में जब भारत को स्वतंत्रता मिली, दिल्ली पर भारत सरकार द्वारा सीधे प्रशासन किया जाता रहा और केंद्र सरकार के विभिन्न विभागों ने मुख्य आयुक्त कार्यालय में संबंधित विभागों के साथ सीधे कार्य करना शुरू कर दिया।

□

5

दिल्ली की प्रशासन व्यवस्था : स्वतंत्रता प्राप्ति के उपरांत प्रयोग

(क) प्रयोग संख्या 1 : केंद्र सरकार द्वारा प्रत्यक्ष प्रशासन (1947-1950)

राष्ट्रीय राजधानी के उपयुक्त प्रशासन और शासन हेतु स्वतंत्रता प्राप्ति के बाद से कई प्रयोग किए गए हैं और समय-समय पर प्रयास किए गए हैं। इन प्रयोगों को निम्नलिखित प्रकार से वर्णित किया जा सकता है—

सन् 1947 में जब भारत को स्वतंत्रता मिली, तब 1947 से 1950 के दौरान, दिल्ली पर भारत सरकार द्वारा सीधे प्रशासन किया जाता रहा। केंद्र सरकार के विभिन्न विभागों ने मुख्य आयुक्त कार्यालय में संबंधित विभागों के साथ सीधे कार्य करना शुरू कर दिया। यह व्यवस्था संविधान के लागू होने के कुछ समय बाद तक जारी रही।

(ख) प्रयोग संख्या 2 : भाग 'ग' राज्य के रूप में दिल्ली (1952-1956)

1951 में संसद् ने भाग 'ग' राज्य सरकार, अधिनियम 1951 को अधिनियमित किया। इसके परिणामस्वरूप मुख्य आयुक्त प्रांतों और कुछ केंद्र प्रशासित प्रांतों को भाग 'ग' राज्य का दर्जा दिया गया। संसद् को किसी भी भाग 'ग' राज्य के लिए एक निर्वाचित या नामित निकाय के गठन के लिए अधिकृत

पॉलिटी एंड गवर्नेंस ऑफ दिल्ली—पुरुषोत्तम गोयल, एस.के. शर्मा, राष्ट्रीय पुस्तक न्यास, दिल्ली 2014।

किया गया था, जो निकाय राज्य या विधान परिषद् या सलाहकारों के लिए एक विधानमंडल के रूप में कार्य करेगा।

बाद में, मुख्य आयुक्त की सहायता और सलाह के लिए दिल्ली में निर्वाचित प्रतिनिधियों और मंत्रिपरिषद् से बने एक विधानमंडल के लिए प्रावधान किया गया।

7 मार्च, 1952 को भाग 'ग' राज्य दिल्ली की विधानसभा अस्तित्व में आई और इसमें 48 सदस्य शामिल थे। (मंत्रिपरिषद् का नेतृत्व चौ. ब्रह्म प्रकाश ने किया)

हालाँकि दिल्ली की तत्कालीन विधानसभा के पास दिल्ली में लोक व्यवस्था (पब्लिक ऑर्डर), जल आपूर्ति, जल निकासी, बिजली, परिवहन और अन्य सार्वजनिक सेवाओं के संबंध में कानून बनाने की शक्ति नहीं थी। यह व्यवस्था अगले 4-5 वर्षों के लिए वर्ष 1956 तक जारी रही। 1956 में राज्य पुनर्गठन आयोग की सिफारिशों के फलस्वरूप, भाग 'ग' राज्यों की स्थिति समाप्त कर दी गई और उक्त राज्यों को संघ शासित राज्य-क्षेत्रों में बदल दिया गया।

राज्य पुनर्गठन आयोग की सिफारिशें : भाग 'ग' राज्यों को नाम बदलकर संघ राज्य-क्षेत्र कर दिया गया

राज्य पुनर्गठन आयोग की स्थापना दिसंबर 1953 में संघ की इकाइयों के कामकाज का अध्ययन करने के लिए की गई थी और इसने विशेष रूप से भाग 'ग' राज्यों के कामकाज की जाँच की थी। 1955 में दी गई अपनी रिपोर्ट में आयोग ने राय व्यक्त की कि भाग 'ग' राज्य न तो आर्थिक रूप से व्यवहार्य है, न ही कार्यात्मक रूप से कुशल है। इसलिए, इसने यह सिफारिश की कि उनमें से प्रत्येक को या तो पड़ोसी राज्य के साथ समामेलित कर दिया जाए या उन्हें केंद्र प्रशासित क्षेत्र बनाया जाए।

आयोग ने राष्ट्रीय राजधानी की आवश्यकताओं पर विशेष ध्यान दिया।

दिल्ली के संबंध में आयोग ने पाया कि दिल्ली में स्थिति अन्य भाग 'ग' राज्यों की तुलना में अधिक विषम थी, क्योंकि इसकी शक्तियों पर विशेष बंधन लगाए गए थे। आयोग ने निष्कर्ष दिया कि इसे संघ का एक संघटक राज्य बनाने

का कोई औचित्य नहीं है, क्योंकि—

(i) दिल्ली संघ सरकार की राजधानी थी और

(ii) यह मूल रूप से शहरी क्षेत्रों में 82 प्रतिशत आबादी के साथ एक शहर इकाई थी।

आयोग का विचार था कि राज्य स्तर पर स्वायत्तता के साथ संघ की राजधानी पर केंद्रीय नियंत्रण के साथ सामंजस्य स्थापित करने के प्रयास ने सुचारु रूप से कार्य नहीं किया था और इससे पहले व्यक्त किए गए दृष्टिकोण के अनुसार, केंद्र और दिल्ली की राज्य सरकार के बीच जिम्मेदारी के विभाजन से उत्पन्न होनेवाले दोहरे नियंत्रण ने न केवल राजधानी के विकास में बाधा डाली, बल्कि इसके परिणामस्वरूप 'दिल्ली में प्रशासनिक मानकों में एक उल्लेखनीय विकृति' भी आई।

इस सुझाव के संदर्भ में कि नई दिल्ली को केंद्र सरकार के पूर्ण नियंत्रण में राष्ट्रीय राजधानी के रूप में माना जा सकता है, जबकि शेष दिल्ली में एक अलग प्रशासन हो सकता है, आयोग ने महसूस किया कि कानून और व्यवस्था, लोगों के सामाजिक जीवन, वाणिज्य और व्यापार तथा सार्वजनिक उपयोगी सेवाओं के क्षेत्र में एक-दूसरे पर उनकी करीबी परस्पर निर्भरता के कारण दिल्ली प्रदेश के इन दो भागों के बीच एक रेखा खींचना पूरी तरह से अव्यावहारिक एवं अवास्तविक था। आयोग इस निष्कर्ष पर पहुँचा कि राष्ट्रीय राजधानी को राष्ट्रीय सरकार के प्रभावी नियंत्रण में रहना चाहिए।

एक लोकप्रिय सरकार के तर्क के संबंध में, आयोग ने कहा—

"हमारा निश्चित मत है कि एक निगम, जो कुछ महत्त्वपूर्ण संघीय राजधानियों की तुलना में अधिक स्थानीय स्वायत्तता प्रदान करेगा, के रूप में नगर स्वायत्तता ही सही और वास्तव में, दिल्ली राज्य की समस्याओं का एकमात्र समाधान है।"

आयोग ने पाया कि इस तरह की व्यवस्था राष्ट्रीय सरकार की व्यापक आवश्यकताओं तथा लोगों की स्थानीय जरूरतों एवं उनकी इच्छाओं को पूरा करने के लिए सबसे उपयुक्त तरीका प्रतीत होता है।

राज्य पुनर्गठन आयोग की यह सिफारिश सरकार द्वारा स्वीकार की गई

सिफारिशों में से एक थी तथा इसे संविधान (सातवाँ) संशोधन अधिनियम, 1956 के अधिनियमन द्वारा लागू किया गया।

विभिन्न राज्यों की सीमाओं और उनके नामों में दूरगामी परिवर्तन के साथ, इसने भाग 'ग' राज्यों का नामकरण भी संघ राज्य-क्षेत्र के रूप में किया और अनुच्छेद 240 (जिस रूप में यह तब था) को निरसित कर दिया, जिससे संसद् विधायिका और मंत्रिपरिषद् बनाने में सक्षम हो गई। इसके परिणामस्वरूप, दिल्ली एक भाग 'ग' राज्य नहीं रहा और यह राष्ट्रपति के प्रत्यक्ष प्रशासन के तहत एक संघ राज्य-क्षेत्र बन गया। 1 नवंबर, 1956 से दिल्ली के लिए विधानसभा और मंत्रिपरिषद् का वजूद भी समाप्त हो गया।+

आयोग की एक अन्य सिफारिश के अनुसार, दिल्ली नगर निगम अधिनियम, 1957 को अधिनियमित किया गया, जिसके पश्चात् वयस्क मताधिकार के आधार पर चुने गए सदस्यों के साथ पूरी दिल्ली के लिए एक नगर निगम का गठन किया गया। दिल्ली नगर निगम के क्षेत्राधिकार में शहरी और ग्रामीण क्षेत्र सहित लगभग पूरा संघ राज्य-क्षेत्र दिल्ली शामिल है। नई दिल्ली नगरपालिका समिति और दिल्ली छावनी बोर्ड की सीमा के भीतर के क्षेत्रों को दिल्ली नगर निगम के अधिकार क्षेत्र से बाहर रखा गया था और नई दिल्ली नगरपालिका समिति के क्षेत्रीय अधिकार क्षेत्र को घटाकर 42.73 वर्ग किलोमीटर कर दिया गया। निगम ने पहले दस स्थानीय निकायों और तीन वैधानिक बोर्डों को सौंपे गए कार्यों को सँभाला। इसके अलावा, निगम को कुछ ऐसे कार्यों की जिम्मेदारी भी दी गई थी, जो सामान्य रूप से नगर निकायों के कार्य नहीं हैं।

(ग) प्रयोग संख्या 3 :
दिल्ली महानगर परिषद् व्यवस्था (1966-1991)

दिल्ली हेतु एक उत्तरदायी प्रशासन प्रदान करने के लिए लोकमत तथा राजनीतिक दलों की माँग का काफी दबाव था। इस माँग की आंशिक पूर्ति हेतु दिल्ली प्रशासन अधिनियम, 1966 अधिनियमित किया गया, जिसमें दिल्ली हेतु

+ 1956 से 1966 तक, दिल्ली में कोई भी शासन व्यवस्था नहीं होने के कारण, 'राजधानी शहर' सीधे केंद्र सरकार द्वारा प्रशासित किया गया।

एक उत्तरदायी प्रशासन प्रदान करने के लिए एक महानगर परिषद् (56 निर्वाचित और 5 मनोनीत सदस्योंवाला एक विचारशील निकाय) के गठन का प्रावधान किया गया। इसके अंतर्गत मंत्रिमंडल के समान एक कार्यकारी परिषद् (मुख्यमंत्री के समकक्ष एक मुख्य कार्यकारी पार्षद सहित चार पार्षदोंवाली परिषद्) का प्रावधान भी किया गया, जिसके सभी सदस्यों को प्रशासक (उप-राज्यपाल) को सहायता और सलाह देने के लिए राष्ट्रपति द्वारा नियुक्त किए जाने का प्रावधान था। एक निर्वाचित निकाय महानगर परिषद् के पास एक विधानमंडल के सभी साजो-सामान थे, लेकिन यह केवल विधायी और बजटीय प्रस्तावों और विकास योजनाओं और प्रशासक द्वारा इसे संदर्भित अन्य मामलों के संबंध में चर्चा और सिफारिश कर सकता था, लेकिन यह अपने आप कानून नहीं बना सकता था। कार्यकारी परिषद् कानून और व्यवस्था, सेवा, पुलिस और भूमि भवनों जैसे कुछ आरक्षित विषयों को छोड़कर अन्य सभी मामलों में प्रशासक को उसके कार्यों के निर्वहन में सलाह और सहायता देने का काम करता था।

1977 में तत्कालीन केंद्र सरकार ने एक निर्णय लिया कि दिल्ली को विधानसभाओंवाले अन्य संघ राज्य-क्षेत्र के समान दर्जा दिया जाना चाहिए, जो राष्ट्रीय राजधानी में केंद्र सरकार के हितों की रक्षा के लिए कुछ अन्य संशोधनों के साथ विशेष प्रावधानों के अधीन होगा।

तद्नुसार, इस उद्देश्य हेतु संसद् में दो विधेयक भी पेश किए गए, हालाँकि ये विधेयक छठी लोकसभा के विघटन के परिणामस्वरूप व्यपगत हो गए।

(घ) प्रयोग संख्या 4 :
उप-राज्यपाल, विधानसभा और मंत्रिपरिषद् (1993 से)

उचित संरचना का सुझाव देने के लिए सरकारिया (बालाकृष्णन) समिति की नियुक्ति

संघ राज्य-क्षेत्र दिल्ली में प्रशासनिक व्यवस्था के पुनर्गठन की आवश्यकता काफी समय से सरकार का ध्यान आकर्षित कर रही थी। सरकार का विचार था कि दिल्ली की जनसंख्या में अभूतपूर्व वृद्धि हुई है तथा प्राधिकरणों की बहुलता भी हो गई है। इसके परिणामस्वरूप, कार्यों का अतिव्यापीकरण हो गया है,

इसलिए सरकार ने 14 दिसंबर, 1987 को न्यायमूर्ति आर.एस. सरकारिया की अध्यक्षता में एक समिति नियुक्त की। बाद में न्यायमूर्ति सरकारिया ने भारतीय प्रेस परिषद् के अध्यक्ष के रूप में अपनी नियुक्ति के उपरांत 17 जनवरी, 1989 को समिति से इस्तीफा दे दिया। इसके बाद श्री एस. बालाकृष्णन, सदस्य ने संघ राज्य-क्षेत्र दिल्ली से जुड़े विभिन्न मुद्दों पर विचार करने और उपयुक्त सिफारिशें करने के लिए अध्यक्ष के रूप में कार्य को अंजाम दिया। उन्होंने 14 दिसंबर, 1989 को अपनी रिपोर्ट सरकार को सौंप दी।

समिति[2] द्वारा व्यापक स्तर पर विचार-विमर्श किया गया और इसे राजनीतिक दलों, प्रतिष्ठित नागरिकों, प्रशासकों, शिक्षाविदों और अन्य जानकार व्यक्तियों से बहुमूल्य सुझाव प्राप्त हुए। इसने दिल्ली के प्रशासन से जुड़े विभिन्न मुद्दों का व्यवस्थित और व्यापक अध्ययन किया।

इस मामले के सभी पहलुओं की उचित परिप्रेक्ष्य में जाँच करने के बाद, समिति ने निष्कर्ष निकाला कि दिल्ली में आम नागरिक के साथ-साथ प्रशासन के समक्ष भी अधिकांश समस्याएँ दिल्ली के लोगों की दिन-प्रतिदिन की चिंताओं से निपटने के लिए पर्याप्त शक्तियों के साथ स्थानीय स्तर पर एक उत्तरदायी और प्रतिनिधिक सरकार की अनुपस्थिति के कारण थीं।

आम आदमी को होनेवाली समस्याओं के बारे में समिति ने कहा कि पहली समस्या दिल्ली के लिए कानून बनाने के संबंध में थी। कानून बनाने की शक्ति किसी भी लोकतांत्रिक सरकार का अनिवार्य गुण है। ये दिल्ली के लोग हैं, जो यह तय करने के लिए सबसे उपयुक्त हैं कि उनके लिए अच्छा क्या है, लेकिन वास्तव में यह संसद् थी, जो दिल्ली के लिए कानून बना रही थी। कानून बनाने का अंतिम निर्णय संबंधित केंद्रीय मंत्रालयों के पास था। इसलिए समिति का सुझाव था कि यदि राज्य सूची और समवर्ती सूची में दिल्ली के लिए प्रासंगिक मामलों के संबंध में विधायी शक्तियों के साथ दिल्ली के लिए एक विधानसभा बनाई जाती है तो इस विसंगति को दूर किया जा सकता है और दिल्ली के लोगों को अपने स्वयं के प्रतिनिधियों के माध्यम से उनके लिए बनाए जानेवाले कानूनों पर निर्णय लेने का फायदा होगा।

---

2. दिल्ली पुनर्गठन संबंधी समिति की रिपोर्ट, दिसंबर, 1989

दूसरे, समिति ने महसूस किया कि प्रशासन के दिन-प्रतिदिन के आम आदमी से संबंधित मामलों के संचालन के लिए कार्यकारी शक्तियाँ आवश्यक थीं। इनमें से अधिकांश विषय राज्य सूची या समवर्ती सूची में शामिल थे। दिल्ली के अधिकांश मामलों को विभिन्न केंद्रीय मंत्रालयों द्वारा निपटाया जाता था, जिनमें से प्रत्येक ने दिल्ली के प्रशासन में खुद के लिए एक भूमिका स्थापित कर ली थी। आम आदमी की अवधारणा में, सभी सरकारी कार्यों के कुशल निर्वहन तथा उसकी शिकायतों के निवारण के लिए भी आदर्श रूप से एक ही प्राधिकरण उत्तरदायी होना चाहिए। मौजूदा प्रणाली उसके लिए निराशाजनक थी, क्योंकि उसे प्रभावी राहत या समाधान नहीं मिल रहा था। केंद्रीय मंत्रालय उसके लिए बहुत दूर थे और दिन-प्रतिदिन के महत्त्वपूर्ण मामलों में, उनके पास वह होना चाहिए, जो भारत में लगभग अन्य सभी नागरिकों को प्राप्त है, अर्थात् एक समीपवर्ती सरकार, जिसके पास वे अपनी शिकायतों के निवारण के लिए जा सकते हैं। इसलिए यदि दिल्ली के लिए एक निर्वाचित विधानसभा और उसके प्रति जवाबदेह एक मंत्रिपरिषद् स्थापित की जा सकती है, तो यह इस संबंध में मौजूदा कठिनाइयों को हल करने की दिशा में काफी महत्त्वपूर्ण कदम होगा।

तीसरा, दिल्ली के योजना और विकास का महत्त्वपूर्ण कार्यक्षेत्र दिल्ली के लोगों के लिए बहुत दिलचस्पी और चिंता का विषय था। समिति का विचार था कि दिल्ली प्रशासन को सीमित भूमिका सौंपे जाने के वर्तमान प्रबंधन के तहत संघ के मंत्रालयों के पास शक्तियों का अति केंद्रीकरण हो चुका है और परिणामस्वरूप, दिल्ली के लिए आवश्यक महत्त्वपूर्ण योजनाओं और परियोजनाओं को एकीकृत जिम्मेदार प्राधिकरण द्वारा स्थानीय स्तर पर प्रायोजित या कार्यान्वित नहीं किया जा सका। परिणामस्वरूप, कई महत्त्वपूर्ण योजनाएँ और परियोजनाएँ केंद्र सरकार के मंत्रालयों से शीघ्र स्वीकृति के अभाव में एक योजना से दूसरी योजना में स्थगित हो जाती हैं। इसलिए, अगर स्थानीय विधायिका में जनप्रतिनिधियों के प्रति जवाबदेह मंत्रिपरिषद् होगी तो दिल्ली के लिए योजना और विकास में बाधा नहीं आएगी और प्रक्रिया में जनप्रतिनिधियों की भागीदारी के साथ उद्देश्य और अर्थ की संतुष्टि होगी।

चौथा, वित्तीय शक्तियों के संबंध में, दिल्ली प्रशासन केवल ऐसी शक्तियों

का उपयोग कर रहा था, जो केंद्र सरकार द्वारा इसे सौंपी गई थीं। इसके अलावा, समिति ने वित्तीय शक्तियों के हस्तांतरण को अपर्याप्त माना। ऐसी स्थिति के कारण, प्रशासन को किसी भी पहल से वंचित रखा गया, यहाँ तक कि बजट प्रस्तावों को भी केंद्र सरकार के विभिन्न मंत्रालयों द्वारा अंतिम रूप दिया जा रहा था तथा दिल्ली की जनता के प्रतिनिधियों को इस संबंध में अंतिम निर्णय लेने का कोई हक नहीं था। समिति की राय में, दिल्ली के प्रशासन के लिए प्रतिनिधिक और उत्तरदायी सरकार के होने पर इन सभी समस्याओं का हल हो सकता है।

पाँचवाँ, अपर्याप्त और असंतोषजनक नगरपालिका सेवाओं से एक बड़ी समस्या उत्पन्न हुई। नागरिक सुविधाओं की कमी, बड़े पैमाने पर भ्रष्टाचार और आमतौर पर आम आदमी को होनेवाली कठिनाइयों के प्रति नगर निगम द्वारा असंतोषजनक प्रतिक्रिया के बारे में व्यापक शिकायतें थीं। यह मुख्य रूप से इस तथ्य के कारण था कि बंबई और मद्रास जैसे अन्य महानगरीय शहरों की तरह दिल्ली में नगर निगम दिल्ली प्रशासन द्वारा नियंत्रित नहीं किया जा रहा था। केंद्र द्वारा नियंत्रण न तो पर्याप्त था और न ही दिखाई दे रहा था। यदि दिल्ली को उपयुक्त शक्तियों के साथ एक विधानसभा और मंत्रियों की एक परिषद् प्रदान की जाए तो इससे नगर निकाय प्राधिकरणों के ऊपर दिल्ली प्रशासन के संस्थागत पर्यवेक्षण के कारण पर्याप्त सुधार लाया जा सकता है। अत: विधानसभा उक्त प्राधिकरणों के कार्यकरण के संबंध में शिकायतों पर चर्चा के लिए एक मंच प्रदान करेगी।

अंत में, एक नोडल प्राधिकरण की कमी के कारण, दिल्ली के लोगों से संबंधित मामलों से निपटनेवाली विभिन्न एजेंसियों के बीच समन्वय की कमी की समस्या थी, इसलिए यदि दिल्ली का प्रशासन एक विधानसभा और मंत्रिपरिषद् के माध्यम से निर्वाचित प्रतिनिधियों द्वारा चलाया जाता तो एक उपयुक्त समन्वय तंत्र स्थापित किया जा सकता।

लेकिन सबसे महत्त्वपूर्ण विचार, जो समिति ने संज्ञान में लिया, वह था संविधान की मंशा, जो संविधान सभा के वाद-विवादों में भी प्रकट हुई थी। संविधान सभा की विशेष समिति (जिसे 'पट्टाभि सीतारमैया समिति' के नाम से जाना जाता है) ने भारत सरकार की इस इच्छा को नोट किया था कि संघ की

राजधानी की सीट के लिए एक अलग क्षेत्र हो और इस हेतु दिल्ली के विशेष महत्त्व को समझा, हालाँकि यह उन लोगों के विरोध में था, जिन्हें अपने देश के सबसे छोटे गाँवों तक में रहनेवाले लोगों को मिले स्व-शासन के अधिकार से वंचित किया गया था। संविधान सभा स्वयं के द्वारा संपूर्ण भारत के लिए अपनाए गए लोकतांत्रिक प्रशासन की मूल योजना से दिल्ली को बाहर रखने के पक्ष में थी।

एक विधानसभा और मंत्रिपरिषद् के लिए सुझाव

ऊपर चर्चा किए गए सभी पहलुओं पर विचार करने के बाद समिति का निष्कर्ष था कि एक लोकतांत्रिक और उत्तरदायी सरकार की आवश्यकता को पूरा करने के लिए दिल्ली हेतु एक विधानसभा और मंत्रिपरिषद् के गठन की बहुत ज्यादा जरूरत थी, इसलिए समिति ने उसी के अनुसार सिफारिश की।

दिल्ली के संबंध में कतिपय विषयों का अपवर्जन

समिति की सुविचारित राय थी कि दिल्ली के संबंध में संघ की विशेष जिम्मेदारी को ध्यान में रखते हुए, कानून बनाने के लिए विधानसभा की शक्ति में कुछ विशिष्ट अपवाद रखे जाने चाहिए। इस सिद्धांत को संविधानसभा और संसद् में वाद-विवाद के दौरान समर्थन मिला था। इस अपवर्जन का औचित्य संसद् में वाद-विवाद के निम्नलिखित अनुच्छेद में निहित है—

'दिल्ली के संबंध में कुछ विषयों के अपवर्जन का मुख्य कारण यह था कि दिल्ली की स्थिति बहुत ही अजीब है। यह एक बड़े संघ की राजधानी है और लगभग सभी संघीय देशों की तरह यह आवश्यक है कि जिस क्षेत्र पर संघीय सरकार को प्रतिदिन काम करना हो, विशेषकर हर बारीकी में जाना हो, इस पर संघीय सरकार को निरंकुश अधिकार मिलने चाहिए, ऐसे अधिकार मिलने चाहिए, जो किसी अन्य व अधीनस्थ विधायिका से न टकराते हों। ऐसा इसलिए, क्योंकि यदि दिल्ली को राज्य विधानमंडल के छोटे संसाधनों और कृपा पर निर्भर रहना पड़े तो यह बिल्कुल भी नहीं रह सकती है और यह हमारे जैसे बड़े देश के महानगर से संबंधित उन मानकों के अनुसार बहुत कम रह सकती है, जो हमें

बनाए रखने चाहिए। इसलिए, उचित यह है कि अगर हम राजधानी को वैसा बनाए रखना चाहते हैं, जैसा इसे होना चाहिए, तो इसे उचित मानकों के अनुसार बनाए रखने की जिम्मेदारी केंद्र के हाथों में होनी चाहिए। इसी कारण सरकार ने यह कदम उठाने का निर्णय लिया है। यह न केवल इस शहर के नगर निगमों की संवैधानिक शक्तियों और कार्यों को इस तरह से अपवर्जित करने का सवाल है, बल्कि कानून और व्यवस्था के रखरखाव का सबसे महत्त्वपूर्ण विषय भी केंद्र सरकार के हाथों में ही होना चाहिए। आज की तारीख तक, केंद्र और राज्य के बीच टकराव नहीं हुआ है, क्योंकि इन सभी वर्षों के दौरान दिल्ली एक केंद्र शासित क्षेत्र के रूप में केंद्र के प्रत्यक्ष शासन में रही है।'

समिति की सिफारिशों को संविधान संशोधनों द्वारा लागू करने हेतु समिति के तर्क

दिल्ली की नई राजनीतिक व्यवस्था के लिए संसद् द्वारा कानून बनाकर प्रावधान करना या संविधान में इस संबंध में उल्लिखित प्रावधानों को शामिल करना पर्याप्त और उचित होगा या नहीं, इस प्रश्न पर समिति ने सावधानीपूर्वक विचार किया। समिति इस निष्कर्ष पर पहुँची कि राष्ट्रीय राजधानी के लिए सरकार की संरचना हेतु प्रावधान करनेवाली कोई भी व्यवस्था राष्ट्र के लिए बहुत महत्त्वपूर्ण और गौरवपूर्ण थी और इस तरह यह वांछनीय होगा कि ऐसी कोई भी व्यवस्था स्थिरता और स्थायित्व का पैमाना सुनिश्चित करे। समिति ने अवलोकन किया—

'...राष्ट्रीय राजधानी के लिए सरकार की संरचना या कम-से-कम उसकी मुख्य विशेषताओं के लिए विशिष्ट संवैधानिक प्रावधान बनाने का समय आ गया है। यदि इन प्रावधानों को संविधान में समाविष्ट किया जाता है, तो संसद् में केवल दो-तिहाई बहुमत से एक संशोधन किया जा सकता है, जो हमेशा उपलब्ध नहीं हो सकता। संविधान में समाविष्ट व्यवस्था संसद् द्वारा बनाए कानून से अधिक स्थायी होगी और यह दिल्ली के लोगों को यह आश्वस्त करने में ज्यादा प्रभावी होगी कि दिल्ली की सरकार संबंधी संरचना स्थिर होगी और राजनीतिक ताकतों के खेल से उसे नुकसान नहीं होगा।'

समिति ने सुझाव दिया कि अन्य मामलों के लिए संसद् द्वारा निर्मित कानून द्वारा प्रावधान किया जा सकता है, जिसके लिए संविधान में एक समर्थकारी प्रावधान अंत:स्थापित किया जा सकता है।

लोकसभा में संविधान संशोधन विधेयक पेश करते समय गृहमंत्री द्वारा दिया गया वक्तव्य*

दिल्ली को एक विधानसभा एवं एक मंत्रिपरिषद् प्रदान करने के उद्देश्य हेतु लोकसभा में संविधान (69वाँ) संशोधन विधेयक, 1991 पेश करते वक्त 20 दिसंबर, 1991 को केंद्रीय गृहमंत्री द्वारा निम्नलिखित वक्तव्य दिया गया—

"अध्यक्ष महोदय, मैं प्रस्ताव करता हूँ—

कि भारत के संविधान में और संशोधन करनेवाले विधेयक पर विचार किया जाए।

यह विधेयक संघ राज्य-क्षेत्र दिल्ली के लिए एक विधानसभा की स्थापना और उस सभा के प्रति उत्तरदायी एक मंत्रिपरिषद् सहित प्रशासन की नई व्यवस्था किए जाने हेतु संविधान में विशेष प्रावधान करने के लिए लाया गया है।

जैसा कि सभा को जानकारी है कि दिल्ली एक संघ राज्य-क्षेत्र है, जिसका प्रशासन संविधान के अनुच्छेद 239 के अनुसार चलाया जाता है। वर्तमान कानून अर्थात् दिल्ली प्रशासन अधिनियम, 1966 के अधीन निर्वाचित सदस्यों की एक महानगर परिषद् कार्यकारी परिषद् सहित एक प्रशासक को उन कार्यों के अलावा, जिनमें वह विवेक से कार्य करता है, अपने कार्यों को पूर्ण करने में परामर्श और सहायता देती है। महानगर परिषद् के पास विधान बनाने संबंधी शक्तियाँ नहीं हैं। यह आज मात्र एक सलाहकार संस्था है। दिल्ली में आम आदमी की समस्याओं के हल के लिए या कार्य की अधिकता और अधिकारियों की बहुतायत तथा चुनी हुई सरकार के लिए लगातार माँग चली आ रही है।

समस्याओं का स्थायी हल ढूँढ़ने के लिए तथा दिल्ली के लोगों की लंबे समय से चली आ रही समस्याओं पर व्यापक रूप से विचार कर उपाय सुझाने के लिए सरकार ने 24.12.1987 को पहले न्यायमूर्ति श्री आर.एस. सरकारिया

** मूल वक्तव्य अंग्रेजी में*

(बाद में श्री एस. बालाकृष्णन) की अध्यक्षता में एक समिति की नियुक्ति की थी। समिति ने अपनी रिपोर्ट 14 दिसंबर, 1989 को प्रस्तुत की थी। समिति ने विभिन्न व्यक्तियों से प्राप्त ज्ञापनों की जाँच करके तथा संस्थानों के प्रतिनिधियों, राजनीतिक दलों, गण्यमान्य नागरिकों, विशेषज्ञों तथा सार्वजनिक मामलों और प्रशासनिक कार्य में लंबा अनुभव रखनेवाले व्यक्तियों से व्यक्तिगत रूप से चर्चा करने के पश्चात् सारे मामले और विभिन्न विषयों के सभी पहलुओं पर गहराई से विचार-विमर्श किया।

इसने संघीय स्वरूपवाले अन्य देशों की राष्ट्रीय राजधानियों के लिए की गई व्यवस्थाओं की भी जाँच की तथा विभिन्न अवसरों पर राजधानी के संबंध में संसद् के दोनों सदनों और संविधान सभा में हुई चर्चा में व्यक्त विचारों पर भी ध्यान दिया। समिति ने पूर्व समितियों और आयोगों द्वारा की गई सिफारिशों का भी अध्ययन किया। समिति राष्ट्रीय राजधानी, विशेष रूप से संघीय स्वरूपवाले एक देश की राजधानी के लिए सरकार के उचित स्वरूप की रचना से संबंधित कठिनाइयों से अवगत थी। दो विरोधी आवश्यकताओं में सामंजस्य होना चाहिए। पहली, राजधानी के नागरिकों की संविधान की भावना के अनुरूप उन पर शासन करने की लोकतांत्रिक आकांक्षाओं को पूर्ण करने की आवश्यकता, दूसरी, जैसा कि संपूर्ण विश्व और साथ ही हमारा देश भी जानता है कि राष्ट्रीय सरकार का राष्ट्रीय राजधानी तथा इसके प्रशासन एवं प्रतिबद्धताओं पर पर्याप्त नियंत्रण होना चाहिए। इसके अलावा, राष्ट्रीय सरकार के लिए आवश्यक सुरक्षा और प्रशासनिक योग्यता सुनिश्चित करने हेतु राष्ट्रीय राजधानी का प्रभावी प्रशासन अत्यधिक महत्त्व का विषय है। इसके अतिरिक्त, राजधानी के महानगरीय स्वरूप को संरक्षित करने की आवश्यकता है। बालाकृष्णन समिति ने दिल्ली के लिए सरकार का एक ऐसा ढाँचा बनाने का प्रयास किया है, जो इन दोनों आवश्यकताओं के मध्य समुचित संतुलन सुनिश्चित कर सके। सभी पहलुओं पर वस्तुपरक दृष्टि से विचार-विमर्श करने के बाद समिति इस निष्कर्ष पर पहुँची है कि संघ तथा दिल्ली प्रशासन के बीच कार्यों व जिम्मेदारियों के संवैधानिक बँटवारे की किसी व्यवस्था से राष्ट्र हितों को हानि पहुँचेगी और इसलिए इसे रहने

दिया जाए। इस प्रकार, दिल्ली को संघ राज्य-क्षेत्र ही रहने दिया जाए, जिसमें यथोचित शक्तियोंवाली विधानसभा हो। समिति ने सिफारिश की है कि लोक व्यवस्था, पुलिस और भूमि संबंधी विषय केंद्र के पास ही रखे जाएँ, क्योंकि यह अत्यधिक महत्त्व के विषय हैं, जिसके बारे में जिम्मेदारी को बाँटा नहीं जा सकता। यह संसद् के रूप में बैठे संविधान सभा द्वारा बनाए गए भाग 'ग' राज्य विधि अधिनियम, 1951 में दिए गए प्रावधानों के अनुसार भी है। राष्ट्रीय राजधानी के बारे में नई व्यवस्था के विस्तृत विवरण के बारे में विधेयक के प्रावधानों से पता चलेगा और मैं उस संबंध में अभी कुछ नहीं कहना चाहता हूँ।

बालाकृष्णन समिति के प्रतिवेदन को भलीभाँति देखने और उसके सभी पहलुओं पर विचार करने के पश्चात् निर्णय लिया गया है कि सामान्यत: समिति द्वारा की गई सिफारिशों के अनुरूप कानून बनाया जाए और विधेयक में इस बारे में यथोचित प्रावधान किए गए हैं। जैसा कि सभा को ज्ञात होगा, पहले जब कभी दिल्ली के लिए लोकतांत्रिक ढाँचे पर विचार किया गया, जैसा भाग 'ग' राज्य विधि अधिनियम, 1951 तथा 1978 में पुन:स्थापित विधेयक के अंतर्गत किया गया था, तब अनुच्छेद 239क के अनुपालन में संसद्नीय कानून के अंतर्गत लोकतंत्रात्मक ढाँचे के लिए आवश्यक प्रावधान किए गए थे, हालाँकि राष्ट्रीय राजधानी दिल्ली के मामले में समिति ने सिफारिश की है कि लोकतंत्रात्मक ढाँचे के प्रावधानों का संविधान में ही उल्लेख किया जाना चाहिए ताकि स्थिर और स्थायी मापदंड बना रहे और राष्ट्रीय राजधानी को एक विशेष दर्जा दिया जा सके।

राष्ट्रीय राजधानी होने के नाते दिल्ली का विशिष्ट दर्जा है और इसकी कुछ अलग ही विशेषताएँ हैं। संपूर्ण देश के लिए इसके महत्त्व को ध्यान में रखते हुए इसके द्वारा सभी राज्यों में इसके प्रति हक की भावना प्रेरित की जानी चाहिए, जो इसके किसी अकेले राज्य के भूभाग पर अवस्थित होने अथवा इसके किसी एक राज्य के नियंत्रण में होने से संभव नहीं हो सकता है। दूसरे देशों में, विशेषत: संघीय व्यवस्थावाले देशों में भी राष्ट्रीय राजधानियों के बारे में जो व्यवस्था है तथा इस विषय पर आज तक जो भी विचार मंथन हुआ है, उन सब के अनुसार राष्ट्रीय राजधानी राष्ट्रीय सरकार के पूर्ण नियंत्रण में होनी चाहिए।

अतीत में कभी भी दिल्ली को पूर्ण राज्य का दर्जा देना संभव नहीं पाया

गया। संविधान सभा ने इस मामले पर गहराई से विचार किया था। चर्चा के दौरान यह पाया गया था कि 'हमारे देश जैसे विशाल संघ की राजधानी में ऐसी व्यवस्था होनी चाहिए कि जिस क्षेत्र पर संघीय सरकार को प्रतिदिन काम करना हो, विशेषकर हर बारीकी में जाना हो, इस पर संघीय सरकार को निरंकुश अधिकार मिलने चाहिए, ऐसे अधिकार मिलने चाहिए, जो किसी अन्य व अधीनस्थ विधायिका से न टकराते हों।' राज्य पुनर्गठन समिति तथा अन्य सभी समितियाँ भी इसी निष्कर्ष पर पहुँची हैं।

राष्ट्रपति, संसद्, उच्चतम न्यायालय आदि जैसे कई महत्त्वपूर्ण राष्ट्रीय और अंतरराष्ट्रीय संस्थान और साथ-साथ सभी विदेशी दूतावास, अंतरराष्ट्रीय एजेंसियाँ आदि दिल्ली में ही स्थित हैं। यह एक ऐसा प्रदेश है, जहाँ अन्य राष्ट्रों के गण्यमान्य व्यक्ति प्राय: सरकारी दौरों पर आते रहते हैं और यह राष्ट्रीय हित में है कि राष्ट्रीय राजधानी के प्रशासन में यथासंभव ऊँचे से ऊँचा स्तर कायम रखा जाए। यह भी राष्ट्रीय हित में है कि सभी मामलों में राष्ट्रीय राजधानी पर केंद्र का ही नियंत्रण होना चाहिए, भले ही वे राज्य क्षेत्र के विषय से संबंधित हों अथवा संघ क्षेत्र के विषय से।

यदि दिल्ली को पूर्ण राज्य बना दिया जाता है तो केंद्र सरकार के लिए लोक व्यवस्था, लोक स्वास्थ्य, आवश्यक आपूर्ति, नगरपालिका-संबंधी सेवाएँ आदि राज्य सूची से संबंधित किसी भी विषय में हस्तक्षेप करना संवैधानिक तौर पर असंभव ही होगा। यदि दिल्ली पूर्ण राज्य बन जाता है तो इस पूर्ण संवैधानिक निषेध के कारण केंद्रीय सरकार के लिए राजधानी से संबंधित अपने राष्ट्रीय और अंतरराष्ट्रीय दायित्वों को निभाना असंभव हो जाएगा।

बालाकृष्णन समिति ने इस मामले पर गहराई से विचार किया है और कई तर्क दिए हैं कि दिल्ली को पूर्ण राज्य का दर्जा क्यों नहीं दिया जा सकता। इसने खासतौर पर यह कहा है कि दिल्ली को पूर्ण राज्य बनाना राष्ट्र हितों के प्रतिकूल होगा।

मुझे इसमें कोई संदेह नहीं है कि विधेयक से दिल्ली के लोगों की लंबे समय से चली आ रही आकांक्षा पूरी हो सकेगी, जिससे अपनी समस्याओं के संबंध में प्रशासन में वे असरदार ढंग से अपनी बात रख सकेंगे।

समिति ने अपने प्रतिवेदन के भाग 2 में दिल्ली से संबंधित अन्य विषयों के बारे में सिफारिशें की हैं, जिनमें नगर निगम का पुनर्गठन, जल, बिजली की आपूर्ति हेतु एजेंसियाँ आदि शामिल हैं। ये सिफारिशें विचाराधीन हैं। इनमें से स्वीकार्य सिफारिशों को लागू करने हेतु आवश्यक कानून बनाने के लिए आगे चलकर सरकार संसद् में विधेयक लाएगी।

मैं इतने महत्त्व के विषय पर बालाकृष्णन समिति द्वारा किए गए महत्त्वपूर्ण कार्य की प्रशंसा को काररवाई वृत्तांत में शामिल करना चाहता हूँ।

इन्हीं शब्दों के साथ, मैं माननीय सदन से इस विधेयक के अनुमोदन की पुरजोर सिफारिश करता हूँ।"

□

6

वर्तमान व्यवस्था : एक नजर में

(i) राष्ट्रीय राजधानी के शासन के लिए अनुप्रयुक्त कानून, नियम और विनियम

राष्ट्रीय राजधानी क्षेत्र दिल्ली में मामलों के शासन में निम्नलिखित उपकरण (कानून) लागू होते हैं—

(क) सांविधानिक प्रावधान (अनुच्छेद 239कक)

(ख) संसद् द्वारा अधिनियमित कानून (जी.एन.सी.टी. अधिनियम)

(ग) जी.एन.सी.टी. अधिनियम के तहत बनाए गए कार्य निष्पादन नियम जैसे

(i) कार्य नियम आवंटन (एलोकेशन ऑफ बिजनेस रुल्स) और

(ii) कार्य संचालन नियम (ट्रांजेक्शन ऑफ बिजनेस रुल्स)

सरकारिया (बालाकृष्णन) समिति, जिसकी सिफारिशों पर दिल्ली को मौजूदा राजनीतिक व्यवस्था प्रदान की गई है, ने सिफारिश की थी कि राष्ट्रीय राजधानी के महत्त्व को देखते हुए दिल्ली की नई व्यवस्था के लिए संवैधानिक और कानूनी व्यवस्था अलग, विशिष्ट और आत्म-निहित होनी चाहिए। समिति की राय थी कि अन्य केंद्र शासित प्रदेशों से संबंधित कानून में दिल्ली को शामिल करना उचित नहीं होगा।

समिति का विचार था कि राष्ट्रीय राजधानी के लिए शासन की संरचना राष्ट्र के लिए बहुत अधिक महत्त्वपूर्ण है और इसलिए, इसमें स्थिरता होनी चाहिए, साथ ही कतिपय मामलों में कुछ लचीलापन भी होना चाहिए।

समिति ने सिफारिश की कि संरचना की मुख्य विशेषताओं को संविधान

में ही शामिल करना उपयुक्त तरीका होगा, अर्थात् संसद् के कानून द्वारा शासित होनेवाले अन्य मामलों को छोड़कर उन विशेषताओं को, जो स्वयं संविधान में अपेक्षाकृत स्थायी होनी चाहिए। इससे दिल्ली के लोगों को आश्वस्त करने में आसानी होगी कि उनकी सरकार की संरचना अन्य राज्यों की तरह स्थिर और स्थायी होगी।

समिति ने इस बात की पुरजोर वकालत की कि राष्ट्रीय राजधानी के लिए सरकार की संरचना के लिए विशिष्ट संवैधानिक प्रावधानों, कम-से-कम इसकी मुख्य विशेषताओं को संविधान में शामिल किया जाना चाहिए। समिति ने अवलोकन किया था कि 'यदि प्रावधानों को संविधान में शामिल किया जाता है, तो संसद् में केवल दो-तिहाई बहुमत से ही कोई संशोधन किया जा सकता है, जो हमेशा उपलब्ध नहीं हो सकता। उस सीमा तक, संविधान में समाविष्ट एक व्यवस्था संसद् द्वारा निर्मित किसी कानून से अधिक स्थायी होगी। इससे निस्संदेह रूप से दिल्ली के लोगों को यह आश्वस्त करने में आसानी होगी कि सरकारी संरचना स्थिर होगी और यह राजनीतिक ताकतों के खेल से बुरी तरह प्रभावित नहीं होगी।'

(ii) संविधान में समाविष्ट मुख्य विशेषताएँ

दिल्ली के वर्तमान राजनीतिक ढाँचे के बारे में निम्नलिखित मुख्य विशेषताएँ स्वयं संविधान में ही समाविष्ट की गई हैं—

- (i) संविधान के उद्देश्यानुसार दिल्ली एक संघ राज्य-क्षेत्र बना रहेगा;
- (ii) दिल्ली संघ राज्य-क्षेत्र का नाम राष्ट्रीय राजधानी राज्य-क्षेत्र के रूप में विनिर्दिष्ट होगा;
- (iii) राष्ट्रीय राजधानी राज्य-क्षेत्र के प्रशासक का पदाभिधान उप-राज्यपाल होगा;
- (iv) राष्ट्रीय राजधानी राज्य-क्षेत्र में एक विधानसभा होगी और इसमें लोगों द्वारा प्रत्यक्ष रूप से निर्वाचित सदस्य होंगे;
- (v) विधानसभा में स्थानों की कुल संख्या, प्रादेशिक निर्वाचन-क्षेत्रों

में विभाजन तथा विधानसभा के कार्यकरण से संबंधित सभी अन्य विषयों और अनुसूचित जातियों के लिए आरक्षित स्थानों की संख्या का विनियमन आदि संसद् द्वारा बनाई गई विधि द्वारा किया जाएगा।

(vi) विधानसभा को राज्य सूची की प्रविष्टि 1, प्रविष्टि 2 और प्रविष्टि 18 (अर्थात् 'लोक व्यवस्था' (लॉ एंड आर्डर), 'पुलिस' और 'भूमि') से संबंधित विषयों को छोड़कर राज्य सूची में या समवर्ती सूची में प्रगणित किसी भी विषय के संबंध में विधि बनाने की शक्ति होगी;

(vii) किसी भी संघ राज्य-क्षेत्र के किसी भी मामले के संबंध में कानून बनाने के लिए संविधान के अंतर्गत संसद् को प्रदान की गई शक्ति यथावत् रहेगी;

(viii) यदि विधानसभा द्वारा बनाई गई कोई विधि संसद् द्वारा उस विषय के संबंध में बनाई गई किसी विधि से भिन्न है, तो संसद् द्वारा बनाई गई विधि अभिभावी होगी और विधानसभा द्वारा बनाई गई विधि उस विरोध की मात्रा तक शून्य होगी;

(ix) उप-राज्यपाल की सहायता और सलाह के लिए मुख्यमंत्री की अध्यक्षता में एक मंत्रिपरिषद् होगी (उन मामलों के संबंध में जिन पर विधि बनाने की शक्ति विधानसभा के पास है);

(x) यदि किसी विषय पर उप-राज्यपाल और उनके मंत्रियों के बीच कोई मतभेद होता है, तो यह विषय राष्ट्रपति को भेजा जाएगा, जिसका निर्णय अंतिम होगा;

(xi) मुख्यमंत्री की नियुक्ति राष्ट्रपति द्वारा की जाएगी तथा अन्य मंत्रियों की नियुक्ति मुख्यमंत्री की सलाह पर राष्ट्रपति द्वारा की जाएगी;

(xii) संसद् को संविधान के पूर्वोक्त प्रावधानों की अनुपूर्ति के लिए और उनके आनुषंगिक या पारिणामिक सभी विषयों के लिए कानून बनाने की शक्ति प्राप्त है;

(xiii) उप-राज्यपाल को विधान-मंडल के सत्र में न होने के दौरान अध्यादेश जारी करने की शक्ति होगी;

(xiv) उप-राज्यपाल से कोई प्रतिवेदन प्राप्त होने पर या अन्यथा यदि राष्ट्रपति को ऐसा आभास हो जाता है कि ऐसी स्थिति उत्पन्न हो गई है, जिसमें राष्ट्रीय राजधानी राज्य-क्षेत्र का प्रशासन संविधान या कानून के अनुसार नहीं चल सकता तो वह एक आदेश द्वारा अनुच्छेद 239क के किसी भी उपबंध के प्रवर्तन को विनिर्दिष्ट अवधि के लिए निलंबित कर सकता है और ऐसे आनुषंगिक या पारिणामिक उपबंध कर सकता है, जो उसे आवश्यक या समीचीन प्रतीत होते हों।

(iii) संसद् के अधिनियम में समाविष्ट पारिणामिक विशेषताएँ

स्वयं संविधान में ही विशेष रूप से यह प्रावधान किया गया था कि संसद् को विधानसभा और मंत्रिपरिषद् से संबंधित सांविधानिक प्रावधानों की अनुपूर्ति के लिए और उनके आनुषंगिक या पारिणामिक, सभी विषयों के लिए कानून बनाने की शक्ति प्राप्त है। इनमें निर्वाचन के प्रावधान, निर्वाचन क्षेत्रों का परिसीमन, सदस्यों की अर्हताएँ और निरर्हताएँ, सभा की अवधि और प्रक्रिया, इसका सत्रावसान विघटन, अध्यक्ष, उपाध्यक्ष और अन्य अधिकारी, मतदान का तरीका, विशेषाधिकार आदि शामिल हैं। इन सभी विषयों में, राज्यों या संघ राज्य-क्षेत्रों के विधानमंडलों के संबंध में किए गए प्रावधानों को उपयुक्त संशोधनों के साथ अपनाया जा सकता है। प्रक्रिया, बजट, समेकित निधि, आकस्मिकता निधि, विनियोग अधिनियम आदि जैसे अन्य मामलों के लिए भी इसी तरह का प्रावधान किया जा सकता है।

तद्नुसार, दिल्ली राष्ट्रीय राजधानी राज्य-क्षेत्र शासन विधेयक,1991 नाम से एक अलग व्यापक कानून संसद् द्वारा 2 जनवरी, 1992 को पारित किया गया।

(iv) जी.एन.सी.टी. अधिनियम, 1991 के अंतर्गत बनाए गए कार्य संचालन नियम

संविधान के अनुच्छेद 239 के आधार पर, दिल्ली के अच्छे प्रशासन की अंतिम जिम्मेदारी प्रशासक (उप-राज्यपाल) के माध्यम से राष्ट्रपति में निहित

है। इसके कारण, दिल्ली के उप-राज्यपाल को किसी अन्य राज्य के राज्यपाल की तुलना में प्रशासन में कुछ अधिक सक्रिय भाग लेने की आवश्यकता होती है।

मंत्रिपरिषद् और उप-राज्यपाल द्वारा कार्यकारी शक्तियों के प्रयोग को संचालित करनेवाले कार्य संचालन नियम इस संबंध में संसद् द्वारा प्रदत्त नियम बनाने की शक्ति के अंतर्गत राष्ट्रपति द्वारा बनाए गए हैं।

संसद् द्वारा पारित दिल्ली राष्ट्रीय राजधानी राज्य-क्षेत्र शासन अधिनियम, 1991 कार्य संव्यवहार नियम बनाने के लिए राष्ट्रपति को प्राधिकृत करता है। अधिनियम की धारा 44 में कहा गया है—

'राष्ट्रपति

(क) मंत्रियों के कार्य के आवंटन हेतु, जहाँ तक कि वह उस कार्य से संबंधित है, जिसकी बाबत उप-राज्यपाल से अपनी मंत्रिपरिषद् की सहायता और सलाह पर कार्य करने की अपेक्षा की जाती है; तथा

(ख) मंत्रियों के साथ कार्य अधिक सुविधापूर्वक किए जाने हेतु, जिसमें उप-राज्यपाल तथा मंत्रिपरिषद् या किसी मंत्री के बीच मतभेद के मामले में अंगीकृत की जानेवाली प्रक्रिया भी है, नियम बनाएगा।'

इस प्रकार, संसद् ने उपरोक्त दो प्रकार के नियमों को बनाने के लिए अधिकृत किया है। इस प्रावधान के अनुसरण में दो प्रकार के नियम तैयार किए गए हैं—

(i) इन्हें कार्य नियमों का आवंटन कहा जाता है, जो यह तय करता है कि किस मंत्री द्वारा कौन सा पोर्टफोलियो या विभाग सँभाला जाएगा तथा प्रत्येक मंत्री पर किस प्रकार के कार्य के देखभाल की जिम्मेदारी होगी; और

(ii) कार्य संचालन नियम, जो सरकार के मंत्रियों और उप-राज्यपाल के बीच सरकार के कार्यों के कार्य-संचालन के तरीके को विस्तार से स्पष्ट करता है।

ये नियम (जो अधीनस्थ विधान कानून की श्रेणी में आते हैं, क्योंकि ये संसद् द्वारा नहीं, बल्कि संसद् द्वारा प्रत्यायोजित शक्तियों के तहत किसी

अन्य प्राधिकरण द्वारा बनाए गए हैं), दिल्ली राष्ट्रीय राजधानी राज्य-क्षेत्र शासन अधिनियम, 1991 (जी.एन.सी.टी. एक्ट) के अनुपूरक हैं। इन नियमों के अनुसार उप-राज्यपाल को निम्नलिखित मामलों के संबंध में आदेश पारित करने से पहले केंद्र सरकार को एक पूर्व संदर्भ देने की आवश्यकता होती है, नामत:

(क) किसी राज्य सरकार, भारत के सर्वोच्च न्यायालय या किसी अन्य उच्च न्यायालय के साथ केंद्र सरकार के संबंधों को प्रभावित करनेवाले प्रस्ताव मामले;

(ख) मुख्य सचिव और पुलिस आयुक्त, सचिव (गृह) और सचिव (भूमि) की नियुक्ति के लिए प्रस्ताव;

(ग) राष्ट्रीय राजधानी राज्य-क्षेत्र की शांति को प्रभावित करनेवाले या शांति को प्रभावित करने की संभावना रखनेवाले महत्त्वपूर्ण मामले; और

(घ) किसी अल्पसंख्यक समुदाय, अनुसूचित जातियों या पिछड़े वर्गों के हितों को प्रभावित करनेवाले या प्रभावित करने की संभावना रखनेवाले मामले।

(iii) कार्य संचालन नियम : एक विवेचनात्मक मूल्यांकन

संसद् द्वारा पारित प्रत्येक विधेयक में निरपवाद रूप से एक समर्थककारी प्रावधान होता है, जिसके अंतर्गत कार्यपालिका को औपचारिक या प्रक्रियात्मक विस्तृत नियम बनाने या संसद् द्वारा निर्धारित आवश्यक दिशानिर्देशों, नीतियों और सिद्धांतों के भीतर समनुषंगी या आनुषंगिक विवरण तैयार करने की शक्ति प्रदान की जाती है।

जब एक विधायी निकाय एक विधेयक पारित करता है, तो यह अपने विधायी कार्य को अंजाम देता है। संसद् द्वारा अधीनस्थ प्राधिकरण को प्रत्यायोजित विधायी कार्यों के अनुसरण में तैयार किए गए सभी नियमों आदि को इस संबंध में संबंधित संविधि में विनिर्दिष्ट अवधि के लिए सदन के पटल पर रखा जाना आवश्यक होता है।

संसद् द्वारा प्रत्यायोजित शक्तियों के अनुसरण में दिल्ली राष्ट्रीय राजधानी राज्य-क्षेत्र शासन अधिनियम,1991 के तहत कार्य संचालन नियम बनाए गए हैं।

आलोचकों ने इन नियमों में कई कमियों और विसंगतियों को इंगित किया है। वे कहते हैं कि

(i) वैध होने के लिए नियमों को विनिर्दिष्ट अवधि के लिए विधायी समीक्षा और अनुमोदन के लिए सदन के पटल पर रखा जाना आवश्यक होता है। वे तर्क देते हैं कि कार्य-संचालन नियमों को संसद् के पटल पर नहीं रखा गया था, यहाँ तक कि समय-समय पर किए गए संशोधनों को भी संसद् के ध्यान में नहीं लाया गया है।

(ii) 1993 में बनाए गए कार्य-संचालन नियमों को 'गोपनीय' और 'केवल आधिकारिक उपयोग हेतु' के रूप में वर्गीकृत किया गया था। अतः, यह नियम राज्य के मामलों में लोकतांत्रिक शासन, खुलेपन और पारदर्शिता की अवधारणा के विपरीत है, जो आधुनिक लोकतंत्र का प्रामाणिक चिह्न है।

(iii) अब, जबकि सरकार के मामलों में पारदर्शिता और खुलेपन का युग प्रारंभ हो गया है और लोगों को 'सूचना का अधिकार' प्रदान कर दिया गया है, अतः, इन नियमों को संसद् और लोगों के ध्यान में अवश्य लाया जाना चाहिए।

(iv) संविधान ने केवल तीन विषयों को दिल्ली सरकार के दायरे से बाहर रखा है यथा 'लोकव्यवस्था', 'पुलिस' और 'भूमि'। इन विषयों के संबंध में, उप-राज्यपाल अपने विवेक से कार्य कर सकते हैं। इसका मतलब यह है कि राज्य सूची या समवर्ती सूची में सूचीबद्ध अन्य सभी विषयों के संबंध में उप-राज्यपाल को मंत्रिपरिषद् की 'सहायता और सलाह' से कार्य करना आवश्यक है, हालाँकि कई नियम अलोकतांत्रिक प्रतीत होते हैं, क्योंकि वे निर्वाचित सरकार की तुलना में मनोनीत उप-राज्यपाल के पक्ष में काफी ज्यादा झुके हुए हैं। उदाहरण के लिए, नियम 24 में यह प्रावधान है कि यदि उप-राज्यपाल किसी मंत्री द्वारा दिए गए आदेशों से सहमत नहीं हैं, तो वे निर्देश दे सकते हैं कि इस मामले को पुनर्विचार के लिए मंत्रिपरिषद् के समक्ष रखा जाए।

(v) नियमों में प्रावधान किया गया है कि उप-राज्यपाल विभाग के सचिव से किसी भी कागज या फाइल की माँग कर सकते हैं (जरूरी नहीं कि यह माँग मंत्री या मंत्रिमंडल के माध्यम से हो) और विभाग के सचिव को इस तरह के निर्देश का पालन करना होगा। इस प्रकार, यह प्रत्यक्ष शासन है और संविधान में निहित 'सहायता और सलाह' की अवधारणा के विपरीत है।

(vi) कुछ आलोचक कहते हैं कि नियम 57 दमनकारी और डरानेवाला है, क्योंकि यह विभागों के प्रमुखों और वरिष्ठ अधिकारियों को एक अल्टीमेटम-सा देता है। यह नियम कहता है कि मुख्य सचिव और विभागों के सचिवों को 'इन नियमों के सावधानीपूर्वक पालन' के लिए व्यक्तिगत रूप से जिम्मेदार माना जाएगा। यह माना जाता है कि चूँकि संविधान या संसद्रीय कानून में समान प्रकृति की कोई चेतावनी या तर्जन नहीं है, इसलिए सिविल सेवक स्वाभाविक रूप से संवैधानिक प्रावधानों या कानून की भावना, नीति और उद्देश्य को नहीं, बल्कि इन नियमों को प्रधानता देते हैं।

(vii) एक और नियम, जिसे आपत्तिजनक माना जा सकता है, वह है नियम 24, जिसमें यह प्रावधान किया गया है कि यदि उप-राज्यपाल को लगता है कि किसी मंत्री द्वारा पारित आदेश पर कोई काररवाई करने की आवश्यकता नहीं है या उसे किसी मंत्री द्वारा पारित आदेशों के विपरीत काररवाई वांछित है, तो वह निर्देश दे सकते हैं कि इस मामले को पुनर्विचार के लिए मंत्रिपरिषद् के समक्ष रखा जाए तथा यदि उनके द्वारा वांछित हो तो उप-राज्यपाल की उपरोक्त टिप्पणियों को सचिवालय के रिकॉर्ड पर नहीं लाया जाएगा।

(v) मौजूदा व्यवस्था तथा मुख्य विशेषताओं की विशिष्टता

दिल्ली के लिए मौजूदा शासन व्यवस्था संविधान (उनहत्तरवाँ संशोधन) अधिनियम, 1991 के रूप में 1 दिसंबर, 1993 को शुरू की गई थी। इसने दिल्ली को एक विधानसभा और एक मंत्रिपरिषद् प्रदान किया। विधानसभा और

मंत्रिपरिषद् से संबंधित सांविधानिक प्रावधानों को पूरा करने के लिए दिल्ली राष्ट्रीय राजधानी राज्य-क्षेत्र शासन अधिनियम, 1991 नामक एक अलग कानून संसद् द्वारा पारित किया गया। संविधान संशोधन ने संघ राज्य-क्षेत्र के रूप में इसकी संवैधानिक स्थिति को नहीं बदला।

यह संविधान में एक नए अनुच्छेद 239कक के अंत:स्थापन द्वारा किया गया। वर्तमान में मौजूद इस व्यवस्था की मुख्य विशेषताएँ इस प्रकार हैं—

(i) दिल्ली संघ राज्य-क्षेत्र को राष्ट्रीय राजधानी राज्य-क्षेत्र दिल्ली कहा जाता है और उसके प्रशासक को उप-राज्यपाल के रूप में अभिहीत किया जाता है।

(ii) दिल्ली एक संघ राज्य-क्षेत्र है, जिसमें एक विधानमंडल है और मुख्यमंत्री की अध्यक्षतावाली एक मंत्रिपरिषद् है।

(iii) दिल्ली विधानसभा को राज्य सूची या समवर्ती सूची में उल्लिखित ऐसे किसी भी विषय पर कानून बनाने का अधिकार है, जो संघ राज्य-क्षेत्र के लिए लागू होता है, सिवाय राज्य सूची की प्रविष्टि 1, 2 और 18 अर्थात् 'लोक व्यवस्था', 'पुलिस' और 'भूमि' से संबंधित मामले के।

(iv) कानून बनाने के लिए दिल्ली विधानसभा को प्रदत्त शक्ति संघ राज्य-क्षेत्र के किसी भी मामले के संबंध में कानून बनाने के लिए संविधान के अंतर्गत संसद् की शक्तियों को तुच्छ नहीं बनाएगी (दूसरे शब्दों में, समान विषय के संबंध में विधानसभा द्वारा बनाए गए किसी भी कानून के संबंध में संसद् को किसी भी समय कोई भी कानून बनाने से रोका नहीं जा सकता)।

यदि किसी भी मामले के संबंध में विधानसभा द्वारा बनाए गए कानून का कोई प्रावधान दिल्ली के लिए लागू किसी केंद्रीय कानून के प्रतिकूल है, यह तब तक लागू नहीं होगा, जब तक कि इसे आरक्षित नहीं किया गया हो : (i) राष्ट्रपति के विचार के लिए और (ii) राष्ट्रपति की सहमति प्राप्त नहीं हो गई हो।

(v) 'लोक व्यवस्था', 'पुलिस' और 'भूमि' के आरक्षित विषयों को

उप-राज्यपाल द्वारा सीधे प्रशासित किया जाता है।

(vi) दिल्ली की अपनी स्वयं की संचित निधि और आकस्मिकता निधि है और बजटीय आवंटन का निर्णय लेने में विधायिका को पूर्ण वित्तीय स्वायत्तता प्राप्त है, हालाँकि राष्ट्रपति के पूर्व अनुमोदन प्राप्त करने के बाद पूँजी की अनुमानित प्राप्तियों और व्यय का वार्षिक विवरण विधानसभा के समक्ष रखा जाना आवश्यक है।

(vii) उप-राज्यपाल और मंत्रियों के बीच मतभेद की स्थिति में मामले को उप-राज्यपाल द्वारा राष्ट्रपति को निर्णय के लिए और राष्ट्रपति द्वारा दिए गए निर्णय के अनुसार कार्य करने के लिए संदर्भित किया जाना है।

दिल्ली के लिए मौजूदा संवैधानिक व्यवस्था केंद्र सरकार को न केवल दिल्ली की विधानसभा के दायरे से हटाए गए मामलों के संबंध में, बल्कि उन मामलों के संबंध में भी नियंत्रण का प्रयोग करने में सक्षम बनाती है जिन मामलों के संबंध में विधानसभा को राष्ट्रीय राजधानी राज्य-क्षेत्र के किसी हिस्से या पूर्ण भाग के लिए कानून बनाने का अधिकार दिया गया है। दूसरे शब्दों में, दिल्ली की विधानसभा को उन मामलों के संबंध में भी पूर्ण विधायी संप्रभुता का अधिकार नहीं है, जिन पर कानून बनाने के लिए वह सक्षम है।

(vi) अन्य सेवाओं और मामलों के संबंध में स्थिति

राष्ट्रीय राजधानी राज्य-क्षेत्र के लिए नई व्यवस्था के परिणामस्वरूप निम्नलिखित विषयों और सेवाओं को दिल्ली सरकार और इसकी विधानसभा के दायरे से बाहर रखा गया है—

(क) लोक व्यवस्था और पुलिस

'लोक व्यवस्था' और 'पुलिस' राज्य सूची की प्रविष्टि 1 और 2 में आती हैं। भारत का संविधान इन विषयों को स्थानीय सरकार या इसके विधानमंडल के किसी भी नियंत्रण से विशेष रूप से बाहर रखता है।

दिल्ली में पुलिस बल संगठन में कमोबेश अन्य महानगरों की तर्ज पर

शीर्ष पर एक पुलिस आयुक्त है तथा यह अन्य प्रमुख शहरों में चल रही एक पदानुक्रमित संरचना के समान है। लेकिन अन्य राज्य की राजधानियों के विपरीत, दिल्ली के चुने हुए प्रतिनिधि, अर्थात् जो मंत्रिमंडल या विधानसभा में हैं, उन्हें लोक व्यवस्था और पुलिस से संबंधित विषयों पर निर्णय लेने की शक्ति प्राप्त नहीं है। इन विषयों को 'आरक्षित' विषयों के रूप में संदर्भित किया जाता है तथा ये उप-राज्यपाल के सरोकार के विषय हैं, जो इन मामलों से निपटने के दौरान अपने विवेक से काम लेते हैं। उप-राज्यपाल निश्चित रूप से केंद्र सरकार के नियंत्रण के अधीन हैं और इसलिए यह कहा जा सकता है कि भूमि, दिल्ली पुलिस और लोक व्यवस्था ऐसे विषय हैं, जिनमें केंद्र सरकार सीधे तौर पर शामिल होती है और इसलिए मुख्यमंत्री, मंत्रियों और विधानसभा की इन क्षेत्रों में कोई भूमिका नहीं होती।

हालाँकि, पूर्व परंपरा और स्थापित प्रथा के अनुसार, विधानसभा के निर्वाचित सदस्य सामान्यतः दिल्ली में कानून और व्यवस्था की स्थिति और पुलिस संगठन के कामकाज के विषय पर समय-समय पर चर्चा, बहस और सुझाव देने के लिए स्वतंत्र हैं। और जब भी सदन में इस तरह के विषय पर चर्चा होती है, निर्वाचित प्रतिनिधियों द्वारा व्यक्त किए गए विचारों और सुझावों को सुनने और उन्हें नोट करने के लिए सदन की आधिकारिक गैलरी में पुलिस बल के प्रमुख को निरपवाद रूप से उपस्थित रहने का अनुरोध किया जाता है। गृह विभाग के प्रभारी मंत्री के जवाब के पश्चात् यह चर्चा समाप्त होती है।

विधानसभा के सदस्य तारांकित और अतारांकित प्रश्नों के नोटिस देकर आरक्षित विषयों पर जानकारी भी माँगते रहे हैं, हालाँकि निर्वाचित सरकार और प्रशासक के बीच क्षेत्राधिकार की समस्या को देखते हुए उप-राज्यपाल द्वारा अपनी शक्ति वापस ले ली गई है।

(ख) भूमि संबंधी मामले

'भूमि' विषयवस्तु राज्य सूची की प्रविष्टि 18 में आती है और संविधान ने इस विषय को दिल्ली सरकार के दायरे से बाहर रखा है। दिल्ली विधानसभा इन विषयों पर कानून नहीं बना सकती है, हालाँकि विधानसभा, उप-राज्यपाल

की सहमति से लोक व्यवस्था और पुलिस संबंधी इन विषयों एवं डी.डी.ए. पर चर्चा करने तथा इनके संबंध में सुझाव और प्रस्ताव पारित करने के लिए स्वतंत्र है।

1957 में संसद् ने दिल्ली में शहरी विकास की समस्या से निपटने के लिए एक तंत्र स्थापित करने हेतु दिल्ली विकास अधिनियम पारित किया। इस अधिनियम के तहत दिल्ली विकास प्राधिकरण का गठन किया गया था। इस प्राधिकरण के पास भूमि और अन्य संपत्ति के अधिग्रहण, धारण, प्रबंधन और निपटान की शक्ति है और प्राधिकरण का महत्त्वपूर्ण कार्य दिल्ली के लिए मास्टर प्लान और प्रत्येक जोन, जिसमें दिल्ली विभाजित होगी, के लिए जोनल डेवलपमेंट प्लान तैयार करना और उसकी निगरानी करना है। इस उद्देश्य के लिए, केंद्र सरकार किसी क्षेत्र को 'विकास क्षेत्र' घोषित कर सकती है और इस तरह की घोषणा के बाद, उक्त क्षेत्र के नगर नियोजन एवं भवन निर्माण संबंधी कार्यकलापों का नियमन नगर निगम जैसे अन्य स्थानीय निकायों से अलग डी.डी.ए. के समग्र नियंत्रण में आता है। डी.डी.ए. ऐसे कार्य करता है, जो तीन व्यापक श्रेणियों के अंतर्गत आते हैं यथा (क) भूमि का अधिग्रहण और विकास; (ख) आवास से जुड़े कार्यकलाप और (ग) मलिन बस्तियों का सुधार।

दिल्ली विकास अधिनियम, 1957 के तहत दिल्ली के उप-राज्यपाल डी.डी.ए. के पदेन अध्यक्ष होते हैं। 'भूमि' के एक आरक्षित विषय होने के नाते उप-राज्यपाल अपने विवेक से कार्य करते हैं, अर्थात् दिल्ली सरकार या उसके मंत्रिपरिषद् की सहायता और सलाह के बिना।

(ग) दिल्ली नगर निगम (एम.सी.डी.)

दिल्ली नगर निगम का गठन दिल्ली नगर निगम अधिनियम, 1957 के अंतर्गत एक निकाय निगम के रूप में किया गया था, जिसका उद्देश्य 'दिल्ली के नगर शासन' के लिए एक निगम की स्थापना करना था। नगरपालिका प्रशासन को विकेंद्रीकृत करने की दृष्टि से, एम.सी.डी. को अब तीन अलग-अलग नगर निगमों में विभाजित किया गया है। प्रत्येक नगर निगम में एक विमर्श स्कंध और एक कार्यकारी स्कंध है। महापौर और उनकी अनुपस्थिति में उप-

महापौर निगम की बैठकों की अध्यक्षता करते हैं। निगम अपने निर्णयों को उसके द्वारा पारित प्रस्तावों के रूप में व्यक्त करता है।

आयुक्त निगम का प्रमुख कार्यकारी प्रधान होता है। उन्हें केंद्र सरकार द्वारा पद से हटाया जा सकता है।

'स्थानीय सरकार अर्थात् नगर निगमों का गठन और उनकी शक्तियाँ' की विषयवस्तु एक ऐसा विषय है, जो राज्य सूची की प्रविष्टि 5 के अंतर्गत आता है। नगरपालिका अधिकारियों से संबंधित कानून आमतौर पर उनके कामकाज पर नियंत्रण की शक्ति राज्य सरकार को प्रदान करते हैं, हालाँकि दिल्ली के मामले में, इस तरह का नियंत्रण केंद्र सरकार के पास है। केंद्र सरकार की मुख्य शक्तियों में उप-विधियों और विनियमों की स्वीकृति, दस्तावेज, रिपोर्ट और खातों की माँग करना, कार्य खातों और संपत्ति का निरीक्षण आदि शामिल हैं। इन शक्तियों में सबसे महत्त्वपूर्ण शक्ति है निगम को इसके कर्तव्यों के उचित निष्पादन के लिए दिशा-निर्देश जारी करने की शक्ति।

(घ) लोक सेवाएँ

राज्य सूची की प्रविष्टि 41 में 'लोक सेवाओं, राज्य लोक सेवा' का उल्लेख है। स्पष्ट रूप से यह प्रविष्टि दिल्ली जैसे संघ राज्य क्षेत्रों के लिए लागू नहीं है, क्योंकि इसमें केवल 'राज्य' का उल्लेख है, न कि 'संघ राज्य-क्षेत्र' का। यह दृष्टिकोण इस तथ्य से सुदृढ़ है कि संविधान भारत में लोक सेवाओं को 'संघ के मामलों से संबंधित सेवाएँ' और 'राज्य के मामलों से संबंधित सेवाएँ' नामतः दो श्रेणियों में विभाजित करता है। संघ राज्य-क्षेत्रों की सेवाओं को कवर करनेवाली सेवाओं की कोई तीसरी श्रेणी नहीं है। स्पष्ट कारण यह है कि संघ राज्य-क्षेत्र का प्रशासन अनुच्छेद 239 के तहत संघ की संवैधानिक जिम्मेदारी है और इसलिए यह विषय 'संघ के मामलों' के तहत आता है।

इसलिए, राष्ट्रीय राजधानी क्षेत्र दिल्ली में सेवा करनेवाले व्यक्ति संघ के मामलों के लिए सेवा करनेवाले व्यक्ति होते हैं तथा वे केंद्र सरकार द्वारा समय-समय पर जारी किए गए नियमों और आदेशों के अधीन होते हैं। इस संबंध में कतिपय शक्तियाँ उप-राज्यपाल को सौंप दी गई हैं। केंद्रीय सिविल सेवा और

दिल्ली सरकार के अंतर्गत वर्ग 1 के पदों पर सभी नियुक्तियाँ उप-राज्यपाल द्वारा की जाती हैं, हालाँकि मुख्य सचिव या वित्त सचिव या पुलिस आयुक्त के पद पर नियुक्ति केंद्र सरकार की पूर्व अनुमति से की जाती है। एक निर्दिष्ट अधिकतम सीमा से अधिक वेतनवाले पदों पर नियुक्तियों के संबंध में उप-राज्यपाल को केंद्र सरकार के पास एक पूर्व संदर्भ भेजने की आवश्यकता होती है।

(ङ) नई दिल्ली नगरपालिका परिषद् (एन.डी.एम.सी.)

नई दिल्ली नगरपालिका परिषद् एक प्रशासक (उप-राज्यपाल) के अधीन कार्य करती है, जिसका संपूर्ण नियंत्रण केंद्रीय गृह मंत्रालय द्वारा किया जाता है। यह व्यवस्था उस परिषद् की आवश्यकता को पूरा करने के लिए है, जिसके अधिकार क्षेत्र में सरकारी कार्यालयों, उच्च गण्यमान्य व्यक्तियों, विदेशी दूतावासों/ मिशनों के निवासों आदि का बड़ा संकेंद्रण है।

वर्ष 1912 में देश की राजधानी के कलकत्ता से दिल्ली स्थानांतरित होने पर नई दिल्ली क्षेत्र के लोगों को नागरिक सेवाएँ प्रदान करने के उद्देश्य से पंजाब नगरपालिका अधिनियम, 1911 के अंतर्गत एन.डी.एम.सी. का गठन किया गया था। 1958 में एम.सी.डी. की स्थापना के साथ, एन.डी.एम.सी. के अधिकार क्षेत्र के भीतर का क्षेत्र लगभग 84 वर्ग किलोमीटर से घटकर लगभग 43 वर्ग किलोमीटर रह गया। इसकी स्थायी आबादी लगभग तीन लाख है, हालाँकि इस क्षेत्र में केंद्र सरकार के कार्यालयों, राजनयिक मिशनों और वाणिज्यिक प्रतिष्ठानों के स्थित होने के कारण दिन में इसकी आबादी कार्यशील आबादी के अंत: प्रवाह के कारण आठ लाख से अधिक हो जाती है। इसकी स्थायी आबादी में मुख्य रूप से केंद्र सरकार के कर्मचारी तथा विदेशी राजनयिक मिशनों एवं वाणिज्यिक प्रतिष्ठानों के कर्मचारी शामिल हैं। एन.डी.एम.सी. के तहत आवासीय क्षेत्रों में मुख्यत: सरकारी कॉलोनियाँ शामिल हैं।

एन.डी.एम.सी. के सदस्यों की एक निश्चित संख्या होती है, जो या तो एन.डी.एम.सी. क्षेत्र के निवासियों के बीच से निर्वाचित सदस्य होते हैं या उप-राज्यपाल द्वारा नाम या पद के रूप में नियुक्त होते हैं। इनमें से एक सदस्य को उप-राज्यपाल द्वारा परिषद् के अध्यक्ष के रूप में अभिहीत किया जा सकता है।

एन.डी.एम.सी. एक कॉरपोरेट निकाय है। एक नगरपालिका निधि होती है, जिसमें परिषद् द्वारा या इसकी ओर से प्राप्त सभी रकम जमा की जाती है। इसके कार्य किसी अन्य स्थानीय प्राधिकरण के कार्यकरण के कमोबेश समान हैं। यदि एन.डी.एम.सी. को उसको सौंपे गए कर्तव्यों के प्रदर्शन में लगातार चूक करते पाया गया तो उप-राज्यपाल निर्धारित प्रक्रिया का पालन करने के बाद परिषद् के कार्यों को अपने हाथ में ले सकते हैं। ऐसी स्थिति में, परिषद् की सभी शक्तियों और कर्तव्यों का पालन और तामील ऐसे व्यक्ति द्वारा किया जाता है, जिसे उप-राज्यपाल इस हेतु नियुक्त करते हैं।

एन.डी.एम.सी. द्वारा किए जानेवाले नागरिक कार्यों में अन्य कार्यों के अतिरिक्त सड़कों, पार्कों का प्रावधान करना और इनका रखरखाव, स्ट्रीट लाइटिंग, सार्वजनिक स्वास्थ्य, प्राथमिक शिक्षा, स्वच्छता, पानी और बिजली आपूर्ति शामिल हैं।

(च) दिल्ली छावनी बोर्ड

दिल्ली छावनी बोर्ड लगभग 43 वर्ग कि.मी. क्षेत्र में फैला हुआ है और यह लगभग 1.25 लाख आबादी की नागरिक आवश्यकताओं को पूरा करता है। छावनी क्षेत्र में जनसंख्या का घनत्व 2907 व्यक्ति प्रति वर्ग किमी. है।

दिल्ली छावनी बोर्ड की स्थापना 1938 में छावनी अधिनियम, 1924 के तहत की गई थी। इसमें सात अधिकारी और सात निर्वाचित सदस्य होते हैं। दिल्ली छावनी का स्टेशन कमांडर छावनी का पदेन अध्यक्ष होता है।

छावनी बोर्ड प्राथमिक विद्यालय स्तर पर जल आपूर्ति का प्रावधान, बिजली, शैक्षिक सुविधाओं और चिकित्सा और स्वास्थ्य सुविधाओं इत्यादि सभी नगरपालिका कार्यों को पूरा करता है। यह क्षेत्र की स्वच्छता और सफाई के लिए जिम्मेदार है। बोर्ड भवन-निर्माण योजनाओं को मंजूरी देता है और इसकी सीमा के भीतर भवनों के निर्माण की अनुमति देता है। इसकी सीमा क्षेत्र के भीतर सड़कों, नालियों, सीवरेज, सार्वजनिक शौचालयों के निर्माण और बगीचों की व्यवस्था, स्ट्रीट लाइटों के रखरखाव की जिम्मेदारी छावनी बोर्ड के पास रहती है। बोर्ड के पास अपने कार्यों के कुशल निर्वहन के लिए संसाधन जुटाने हेतु गृह

कर, सफाई कर, जन सुविधा परिसरों के उपयोग संबंधी कर, जल कर और इसी तरह के अन्य करों और प्रभारों को वसूलने की शक्ति होती है।

इसे रक्षा मंत्रालय से अनुदान भी प्राप्त होता है और दिल्ली में एकत्रित टर्मिनल टैक्स का एक हिस्सा मिलता है।

(छ) दिल्ली नागरी कला आयोग (डी.यू.ए.सी.)

दिल्ली नागरी कला आयोग अधिनियम, 1973, जो एक केंद्रीय अधिनियम है, में एक अध्यक्ष तथा दो से अधिक एवं चार या उससे कम सदस्यों के साथ एक आयोग के गठन का प्रावधान किया गया है। इसका उद्देश्य दिल्ली में शहरी और पर्यावरणीय डिजाइन की सौंदर्य-गुणवत्ता के संरक्षण, विकास और रखरखाव के मामलों में सरकार और स्थानीय निकायों और प्राधिकरणों को सलाह देने हेतु एक सर्वोच्च निकाय होने का है तथा किसी भी स्थानीय निकाय को उन भवन और इंजीनियरिंग परियोजनाओं या किसी भी विकास प्रस्ताव के संबंध में सलाह और मार्गदर्शन प्रदान करना है, जो क्षितिज या आसपास के सौंदर्य की गुणवत्ता को प्रभावित कर सकता है।

इस अधिनियम में यह प्रावधान किया गया है कि प्रत्येक स्थानीय निकाय निर्दिष्ट क्षेत्रों या इलाकों से संबंधित किसी भी भवन संचालन, इंजीनियरिंग संचालन या विकास योजनाओं के संबंध में अनुमति प्रदान करने से पूर्व इसे जाँच के लिए आयोग के विचारार्थ भेजेगा तथा इस संबंध में आयोग का निर्णय उक्त स्थानीय निकाय पर बाध्य होगा।

(ज) दिल्ली दुग्ध योजना और मदर डेयरी

संगठित क्षेत्र में, डी.एम.एस. और मदर डेयरी दो महत्त्वपूर्ण स्रोत हैं, जिनसे दिल्ली शहर को दूध की मुख्य आपूर्ति होती है। हालाँकि मदर डेयरी राष्ट्रीय डेयरी विकास बोर्ड के नियंत्रणाधीन है, दिल्ली दुग्ध योजना केंद्र सरकार के कृषि मंत्रालय (कृषि और सहकारिता विभाग) का एक अधीनस्थ कार्यालय है। इसे 1959 में शुरू किया गया था। यह दिल्ली में दूध और दुग्ध उत्पादों के प्रसंस्करण और वितरण में लगा हुआ है।

(झ) राष्ट्रीय राजधानी क्षेत्र योजना बोर्ड (एन.सी.आर.पी.बी.)

राष्ट्रीय राजधानी क्षेत्र के विकास के लिए राष्ट्रीय राजधानी क्षेत्र योजना बोर्ड अधिनियम, 1985 के अंतर्गत एक योजना बोर्ड की स्थापना की गई, जिसे इस क्षेत्र के भागीदार राज्यों नामतः हरियाणा, राजस्थान, उत्तर प्रदेश और राष्ट्रीय राजधानी क्षेत्र दिल्ली के विधानमंडलों की सहमति से संसद् द्वारा संविधान के अनुच्छेद 252 के तहत पारित किया गया था। इस बोर्ड का गठन 28 मार्च, 1985 को किया गया था।

यह बोर्ड मुख्य रूप से राष्ट्रीय राजधानी क्षेत्र के विकास के लिए क्षेत्रीय योजना तैयार करने और इसके कार्यान्वयन के समन्वय और निगरानी के लिए जिम्मेदार है। यह नियंत्रित भूमि उपयोग के लिए और क्षेत्र में एक विनियमित बुनियादी ढाँचे के विकास के लिए नीतियाँ तैयार करने के लिए भी अधिकृत है ताकि किसी भी प्रकार के बेतरतीब विकास से बचा जा सके। केंद्रीय शहरी विकास मंत्री की अध्यक्षता में बोर्ड में भारत सरकार के विभिन्न संबंधित मंत्रालयों के प्रतिनिधि, सहभागी राज्यों के मुख्यमंत्री और शहरी विकास के प्रभारी मंत्री तथा दिल्ली के मुख्यमंत्री और उप-राज्यपाल शामिल होते हैं। सहभागी राज्यों के प्रतिनिधियों के साथ विचार-विमर्श और विशेषज्ञ अध्ययनों के आधार पर बोर्ड ने एक क्षेत्रीय योजना के मसौदे को मंजूरी दी है, जिसका मुख्य उद्देश्य राष्ट्रीय राजधानी क्षेत्र में नियंत्रित भूमि उपयोग और आधारभूत संरचना के विकास के लिए सामंजस्यपूर्ण नीतियाँ तैयार करना है।

□

7

मुख्यमंत्री-उप-राज्यपाल में मतभेद : उच्चतम न्यायालय का निर्णय

संवैधानिक व्यवस्था के अनुसार, राष्ट्रीय राजधानी क्षेत्र दिल्ली को प्रशासित और नियंत्रित करने की शक्ति उप-राज्यपाल तथा विधानसभा और मुख्यमंत्री की अध्यक्षता में मंत्रिपरिषद् के निर्वाचित ढाँचे के बीच साझा होती है।

संवैधानिक व्यवस्था के अंतर्गत विधानसभा को समवर्ती सूची और राज्य सूची में सूचीबद्ध सभी विषयों पर कानून बनाने की शक्ति प्रदान की गई है (सिवाय राज्य सूची की प्रविष्टि 1, 2 और 18)। इसका मतलब यह है कि 'लोक व्यवस्था' (प्रविष्टि 1), 'पुलिस' (प्रविष्टि 2) और 'भूमि' (प्रविष्टि 18) को दिल्ली विधानसभा और दिल्ली सरकार के दायरे से बाहर रखा गया है तथा इन्हें उप-राज्यपाल के विशिष्ट अधिकार क्षेत्र में रखा गया है।

वर्ष 1993 से 2013 तक की अवधि के दौरान जब 4 मुख्यमंत्रियों ने दिल्ली के मुख्यमंत्री पद को सुशोभित किया, तब निर्वाचित ढाँचे और उप-राज्यपाल के बीच मतभेद न तो उतना ज्यादा था और न ही यह रोज-रोज की बात थी। फरवरी 2015 में हुए विधानसभा के चुनाव में, एक नवगठित पार्टी (जो भ्रष्टाचार के खिलाफ एक आंदोलन से पैदा हुई पार्टी) ने 70 सदस्यीय विधानसभा में 67 सीट जीतकर एक शानदार विजय हासिल की और सरकार बनाई। फिर राष्ट्रीय राजधानी के प्रशासन से संबंधित विषयों पर नियंत्रण के लिए उप-राज्यपाल (केंद्र सरकार का एक प्रतिनिधि) और मुख्यमंत्री की अध्यक्षता में मंत्रिपरिषद् के बीच आवर्ती मतभेदों का एक दौर शुरू हुआ, चूँकि प्रशासक के रूप में

उप-राज्यपाल को राजधानी के प्रशासन में प्रधान स्थान प्राप्त था, अतः राष्ट्रीय राजधानी क्षेत्र की सरकार ने राष्ट्रीय राजधानी क्षेत्र दिल्ली की सरकार के लिए लागू संवैधानिक प्रावधानों की व्याख्या करने और राष्ट्रीय राजधानी के प्रशासन के मामले में किसे प्रधान स्थान मिलना चाहिए, इस प्रश्न के निर्णय हेतु दिल्ली उच्च न्यायालय में मामला उठाया।

लगभग आधा दर्जन याचिकाओं पर निर्णय देते हुए 4 अगस्त, 2016 को दिल्ली उच्च न्यायालय ने कहा कि उप-राज्यपाल दिल्ली में प्रशासन का प्रधान है। अन्य बिंदुओं पर, उच्च न्यायालय ने निम्नलिखित निर्णय दिया :

- उप-राज्यपाल दिल्ली मंत्रिमंडल की सलाह मानकर कार्य करने को बाध्य नहीं है।
- उप-राज्यपाल राष्ट्रीय राजधानी क्षेत्र दिल्ली का प्रशासनिक प्रमुख है।
- उप-राज्यपाल के परामर्श के बिना दिल्ली सरकार द्वारा जारी की गई सभी अधिसूचनाएँ गैर-कानूनी हैं।
- अनुच्छेद 239 लागू माना जाए और यह दिल्ली को संघ राज्य-क्षेत्र घोषित करता है।
- केंद्र सरकार के कर्मचारियों के खिलाफ स्थानीय भ्रष्टाचार निरोधक ब्यूरो (ए.सी.बी.) द्वारा कोई काररवाई नहीं की जा सकती।
- केंद्रीय सरकार के कर्मचारियों के खिलाफ काररवाई से ए.सी.बी. को रोकने संबंधी 21 मई, 2015 की अधिसूचना न तो गैर-कानूनी है और न ही असंवहनीय है।
- हालाँकि, उप-राज्यपाल एस.पी.पी. (स्पेशल पब्लिक प्रोसिक्यूटर) की नियुक्ति के लिए सक्षम हैं, परंतु इस शक्ति का प्रयोग मंत्रिपरिषद् की सलाह और सहायता से होना चाहिए।
- उप-राज्यपाल की अनुमति के बिना बी.एस.ई.एस. के बोर्ड में व्यक्तियों की नियुक्ति भी गैर-कानूनी है।
- सेवा संबंधी मामले दिल्ली विधानसभा के अधिकार क्षेत्र से बाहर के विषय हैं और उप-राज्यपाल द्वारा इस संबंध में शक्तियों का प्रयोग करना असंवैधानिक नहीं है।

- डी.डी.सी.ए. (दिल्ली डिस्ट्रिक्ट क्रिकेट एसोसिएशन) के लिए जाँच आयोग की नियुक्ति भी अवैध थी।

दिल्ली उच्च न्यायालय के उपरोक्त निर्णय, जिसमें शासन के मामले में उप-राज्यपाल को सर्वोच्चता दी थी, को राष्ट्रीय राजधानी क्षेत्र दिल्ली की सरकार द्वारा उच्चतम न्यायालय में चुनौती दी गई।

उच्चतम न्यायालय की संविधान पीठ ने 4 जुलाई, 2018 को इस मुद्दे पर अपना फैसला सुनाते हुए निम्नलिखित अवलोकन किया—

'दिल्ली की मंत्रिपरिषद् की कार्यकारी शक्तियाँ समवर्ती सूची में सभी विषयों पर और सिवाय तीन विषय के राज्य सूची में शामिल सभी विषयों पर लागू होती हैं, हालाँकि अगर संसद् राज्य सूची या समवर्ती सूची में शामिल कुछ विषयों के संबंध में कानून बनाती है, तो राज्य की कार्यकारी काररवाई संसद् द्वारा बनाए गए कानून के अनुरूप होनी चाहिए। एक प्राकृतिक उपसिद्धांत के अनुसार, भारतीय संघ के पास राष्ट्रीय राजधानी क्षेत्र दिल्ली से संबंधित उन तीन विषयों के संबंध में विशेष कार्यकारी शक्ति है, जिन्हें दिल्ली विधानसभा की शक्ति के बाहर रखा गया है। अन्य विषयों के संबंध में, कार्यकारी शक्ति का प्रयोग राष्ट्रीय राजधानी क्षेत्र दिल्ली की सरकार द्वारा किया जाना है, हालाँकि यह संविधान के अनुच्छेद 239 कक(4) के परंतुक के अधीन है।'

इस महत्त्वपूर्ण बिंदु पर कि क्या उप-राज्यपाल मंत्रिमंडल की सलाह को मानने के लिए बाध्य हैं या नहीं, उच्चतम न्यायालय ने यह निर्णय दिया—

'अनुच्छेद 239कक(4) में उल्लिखित 'सहायता और सलाह' का अर्थ यह माना जाना चाहिए कि राष्ट्रीय राजधानी राज्य-क्षेत्र दिल्ली के उप-राज्यपाल से मंत्रिपरिषद् की सहायता और सलाह पर कार्य करने की अपेक्षा की जाती है और यह स्थिति तब तक सही है, जब तक कि उप-राज्यपाल अनुच्छेद 239कक के खंड (4) के परंतुक के तहत अपनी शक्ति का प्रयोग नहीं करता है। उप-राज्यपाल को कोई भी स्वतंत्र निर्णय लेने की शक्ति नहीं दी गई है। उसे या तो मंत्रिपरिषद् की 'सहायता और सलाह' पर कार्य करना होगा या वह उसके द्वारा किए जा रहे संदर्भ पर राष्ट्रपति द्वारा लिये गए निर्णय को लागू करने के लिए बाध्य है।'

भारत संघ बनाम राष्ट्रीय राजधानी राज्य-क्षेत्र दिल्ली की सरकार (2017 की सिविल अपील संख्या 2357) के उच्चतम न्यायालय के निर्णय के पूर्ण पाठ के लिए पाठकगण कृपया पुस्तक के अंत में संलग्न परिशिष्ट देखें।

उच्चतम न्यायालय ने दिल्ली को राज्य का दर्जा दिए जाने के सवाल पर भी विचार किया। दीपक मिश्रा, भारत के मुख्य न्यायाधीश (स्वयं के लिए, ए.के. सीकरी और ए.एम. खानविलकर जे.जे. की संविधान पीठ ने एस. बालाकृष्णन समिति की राय से सहमति व्यक्त की, जिसने राय दी थी कि **'राष्ट्रीय राजधानी पर संपूर्ण राष्ट्र का हक है' और इसलिए पूर्ण राज्य के दर्जे की माँग स्वीकार नहीं की जाएगी।**

उच्चतम न्यायालय ने आगे कहा—

'हम इस तर्क से भी प्रभावित हैं कि दिल्ली के राष्ट्रीय राजधानी होने के नाते इस पर संपूर्ण राष्ट्र का हक है और दिल्ली संघ के जिस किसी भी संघटक राज्य का एक हिस्सा बनेगा, वह राज्य अन्य राज्यों के मुकाबले जल्द ही या बाद में एक प्रमुख स्थान प्राप्त कर लेगा, हालाँकि अत्यंत महत्त्वपूर्ण दैनिक मामलों में भी संघ द्वारा हस्तक्षेप किए जाने के लिए संघ के पास पर्याप्त संवैधानिक अधिकार उपलब्ध नहीं होगा, जिससे राष्ट्रीय कर्तव्यों और जिम्मेदारियों के निर्वहन में प्रतिकूल प्रभाव पड़ेगा।'

□

8

सेवाओं पर नियंत्रण : बिना बात का बतंगड़

4 जुलाई, 2018 को दिए गए अपने फैसले में सर्वोच्च न्यायालय ने यह कहा था कि दिल्ली की मंत्रिपरिषद् की कार्यकारी शक्ति समवर्ती सूची में शामिल सभी विषयों तथा तीन विषयों को छोड़कर राज्य सूची में शामिल सभी विषयों पर लागू होती है। उच्चतम न्यायालय के इस अवलोकन की दिल्ली सरकार और इसके सलाहकारों और शुभचिंतकों द्वारा गलत तरीके से यह व्याख्या की जाती है कि आई.ए.एस., आई.पी.एस. और दानिक्स आदि अखिल भारतीय सेवाओं के अधिकारियों के स्थानांतरण, तैनाती, अनुशासन आदि (संघ सूची का एक विषय) सहित सभी सेवाओं पर दिल्ली की निर्वाचित सरकार का ही नियंत्रण है। दुर्भाग्य से कोई भी इस बात का पता लगाने की कोशिश नहीं करता है कि इस संबंध में संवैधानिक स्थिति क्या है तथा बालाकृष्णन समिति (जिसकी सिफारिशों पर वर्तमान व्यवस्था दी गई है) का वास्तव में क्या कहना था।

बालाकृष्णन समिति (अध्याय vii, पैराग्राफ 8.1.1 में) कहती है—

'दिल्ली के लिए सरकार के प्रतिनिधिक रूप हेतु एक योजना तैयार करने के संदर्भ में इसके स्पष्ट महत्त्व को देखते हुए दिल्ली प्रशासन में सेवारत सेवा कर्मियों पर नियंत्रण के प्रश्न पर हमने सावधानीपूर्वक विचार किया। दिल्ली के लिए प्रस्तावित विधानसभा को दी जानेवाली विधायी शक्तियों पर विचार करने के दौरान, हमने सिफारिश की कि ऐसी शक्तियाँ राज्य सूची और समवर्ती सूची में शामिल विषयों के लिए दी जा सकती हैं।'

'सेवाओं' के संबंध में संवैधानिक स्थिति पर विस्तार से चर्चा करते हुए समिति इस स्थिति को निम्नलिखित शब्दावली में स्पष्ट करती है—

'राज्य सूची की प्रविष्टि 41 में 'राज्य लोक सेवाएँ : राज्य लोक सेवा आयोग' का उल्लेख है। जाहिर है, यह प्रविष्टि संघ राज्य-क्षेत्रों के लिए लागू नहीं होती है, क्योंकि इसमें केवल 'राज्य' का उल्लेख है और 'संघ राज्य-क्षेत्र' (यूनियन टेरिटरीज) का नहीं। यह दृष्टिकोण इस तथ्य से सुदृढ़ होता है कि संविधान भारत में लोक सेवाओं को केवल दो श्रेणियों में विभाजित करता है, अर्थात्, 'संघ के मामलों से संबंधित सेवाएँ' तथा 'राज्य के मामलों से संबंधित सेवाएँ', जैसा कि संविधान के भाग XIV में विभिन्न प्रावधानों से स्पष्ट है। संघ राज्य-क्षेत्रों की सेवाओं को कवर करनेवाली सेवाओं की कोई तीसरी श्रेणी संविधान में नहीं है। स्पष्ट कारण यह है कि संघ राज्य-क्षेत्रों के प्रशासन की संवैधानिक जिम्मेदारी अनुच्छेद 239 के तहत संघ पर ही होती है और इस तरह यह 'संघ के मामलों' के तहत आता है। नतीजतन, किसी भी संघ राज्य-क्षेत्र के प्रशासन के लिए लोक सेवाओं को संघ के मामलों से संबंधित लोक सेवाओं का हिस्सा होना चाहिए।

इसलिए, संघ राज्य क्षेत्र में सेवाओं के विषय को प्रस्तावित दिल्ली प्रशासन की विधानसभा या मंत्रिपरिषद् के दायरे में लाना संवैधानिक रूप से संभव नहीं है। इसी कारण से, दिल्ली जैसे संघ राज्य-क्षेत्र के लिए एक अलग लोक सेवा आयोग का प्रावधान करना संभव नहीं है, क्योंकि उपर्युक्त प्रविष्टि 41 में 'राज्य लोक सेवा आयोग' का मतलब केवल राज्यों के लिए गठित निकाय से है।'

इस स्थिति को आगे और स्पष्ट करने की दृष्टि से तथा राष्ट्रीय राजधानी राज्य-क्षेत्र दिल्ली की सरकार में 'सेवाओं' को कौन नियंत्रित करेगा के संबंध में संभावित भ्रम को दूर करने के लिए केंद्रीय गृह मंत्रालय ने दिनांक 21 मई, 2015 को एक राजपत्र अधिसूचना संख्या एस.ओ. 1368 (ई) जारी की, जिसमें अन्य बातों के साथ निम्नलिखित निर्दिष्ट किया गया है—

'...और जबकि अनुच्छेद 239कक के खंड (3) का उपखंड (क) भी, जहाँ तक ऐसा कोई विषय संघ राज्य-क्षेत्रों में लागू है, राज्य सूची या समवर्ती सूची में प्रगणित विषयों की अर्हता प्राप्त करता है। इस प्रावधान के तहत, राज्य सूची की प्रविष्टि 41 का संदर्भ दिया जा सकता है, जिसमें राज्य लोक सेवाओं,

राज्य लोक सेवा आयोग, जो राष्ट्रीय राजधानी राज्य-क्षेत्र दिल्ली में मौजूद नहीं हैं, का उल्लेख है।

इसके अतिरिक्त, भारतीय प्रशासनिक सेवा और भारतीय पुलिस सेवा के अधिकारियोंवाला संघ राज्य-क्षेत्र कैडर दिल्ली, चंडीगढ़, अंडमान और निकोबार द्वीप, लक्षद्वीप, दमन और दीव, दादरा और नगर हवेली, पुदुचेरी और अरुणाचल प्रदेश, गोवा और मिजोरम राज्यों के लिए समान है, जिसे केंद्र सरकार द्वारा गृह मंत्रालय के माध्यम से प्रशासित किया जाता है और इसी तरह, दानिक्स और दानिप्स राष्ट्रीय राजधानी राज्य-क्षेत्र दिल्ली सहित दमन और दीव, दादरा और नगर हवेली, अंडमान और निकोबार द्वीप समूह, लक्षद्वीप आदि संघ राज्य-क्षेत्रों की आवश्यकता को पूरा करने वाली सामान्य सेवाएँ हैं, जिनका प्रशासन भी केंद्र सरकार द्वारा गृह मंत्रालय के माध्यम से किया जाता है। इस प्रकार, यह स्पष्ट है कि राष्ट्रीय राजधानी राज्य-क्षेत्र दिल्ली की अपनी राज्य लोक सेवा नहीं है। अतः, 'सेवाएँ' इस श्रेणी के अंतर्गत रहेंगी (यानी जिस श्रेणी के संबंध में विधानसभा के पास कानून बनाने की शक्ति नहीं होगी)।'

और यह अच्छी तरह से स्थापित है कि जहाँ विधायी शक्ति नहीं होती, वहाँ कार्यकारी शक्ति भी नहीं होती, क्योंकि कार्यकारी शक्ति विधायी शक्ति के साथ सहविस्तृत होती है।

और जबकि राज्य सूची की प्रविष्टि 1, 2 और 18 से संबंधित विषय क्रमशः 'लोक व्यवस्था', 'पुलिस' और 'भूमि' हैं और उस सूची की प्रविष्टि 64, प्रविष्टि 65 और प्रविष्टि 66 से, जहाँ तक उनका संबंध प्रविष्टि 1, प्रविष्टि 2 और प्रविष्टि 18 से है तथा 'सेवाएँ' भी राष्ट्रीय राजधानी राज्य-क्षेत्र दिल्ली की विधानसभा के दायरे से बाहर हैं और इसके परिणामस्वरूप, राष्ट्रीय राजधानी राज्य-क्षेत्र दिल्ली की सरकार के पास उपरोक्त विषयों के संबंध में कोई कार्यकारी शक्ति नहीं होगी और इसके अतिरिक्त, उपरोक्त विषयों के संबंध में शक्तियाँ राष्ट्रपति या उनके प्रतिनिधि, यानी दिल्ली के उप-राज्यपाल के पास अनन्य रूप से निहित हैं।

इसलिए, अब अनुच्छेद 239 में निहित प्रावधानों और 239कक के खंड (3) के उपखंड (क) के अनुसार, राष्ट्रपति एतद्वारा निर्देश देते हैं कि—

(i) उनके नियंत्रण और आगे के आदेशों के अधीन, राष्ट्रीय राजधानी राज्य-क्षेत्र दिल्ली के उप-राज्यपाल, जिस सीमा तक राष्ट्रपति द्वारा समय-समय पर उन्हें प्रत्यायोजित हो, 'लोक व्यवस्था', 'पुलिस', 'भूमि' और 'सेवाओं' से जुड़े मामलों के संबंध में, जैसा कि यहाँ कहा गया है, शक्तियों का प्रयोग करें और केंद्र सरकार के कार्यों का निर्वहन करें।

बशर्ते कि राष्ट्रीय राजधानी राज्य-क्षेत्र दिल्ली के उप-राज्यपाल, अपने विवेक से, जब भी वे उचित समझें, 'सेवा' संबंधी मामलों के संबंध में राष्ट्रीय राजधानी राज्य-क्षेत्र दिल्ली के मुख्यमंत्री की राय ले सकते हैं।

□

परिशिष्ट

राष्ट्रीय राजधानी राज्य-क्षेत्र दिल्ली की सरकार बनाम भारत संघ (यूनियन ऑफ इंडिया) (2017 की सिविल अपील संख्या 2357) के संबंध में उच्चतम न्यायालय के निर्णय का मूलपाठ

उच्चतम न्यायालय में
सिविल अपीलीय अधिकारिता
2017 की सिविल अपील संख्या 2357

दिल्ली राष्ट्रीय राजधानी राज्य-क्षेत्र की सरकार…अपीलार्थी
बनाम
भारत संघ & अन्य…प्रतिवादी

निर्णय

दीपक मिश्रा, भारत के मुख्य न्यायमूर्ति (स्वयं) एवं ए.के. सीकरी और ए.एम. खानविलकर, न्यायमूर्ति)

वाद-विवाद के बिंदु एवं अनुच्छेद 239कक की संवैधानिक नैतिकता और प्रावधानों की व्याख्या

माननीय उच्चतम न्यायालय ने एक सटीक विशिष्टता अंकित की और वह एस. बालाकृष्णन समिति की राय से सहमत हुई, जिसने यह राय दी थी कि 'राष्ट्रीय राजधानी पर संपूर्ण राष्ट्र का हक है।' और इसलिए, पूर्ण राज्य की माँग स्वीकार नहीं की जा सकती।

'हम इस तर्क से भी प्रभावित हैं कि दिल्ली के राष्ट्रीय राजधानी होने के नाते इस पर संपूर्ण राष्ट्र का हक है और दिल्ली संघ के जिस किसी भी संघटक राज्य का एक हिस्सा बनेगा, वह राज्य अन्य राज्यों के मुकाबले जल्द ही या बाद में एक प्रमुख स्थान प्राप्त कर लेगा, हालाँकि अत्यंत महत्त्वपूर्ण दैनिक मामलों में भी संघ द्वारा हस्तक्षेप किए जाने के लिए संघ के पास पर्याप्त संवैधानिक अधिकार उपलब्ध नहीं होगा, जिससे राष्ट्रीय कर्तव्यों और जिम्मेदारियों के निर्वहन में प्रतिकूल प्रभाव पड़ेगा।'

अपने दृष्टिकोण के अनुरूप, बालाकृष्णन समिति ने यह राय दी कि संविधान के अनुसार दिल्ली की एक विधानसभा और एक मंत्रिपरिषद् होनी चाहिए तथा दिल्ली एक संघ राज्य-क्षेत्र बना रहे। दिल्ली के संबंध में संघ के विशेष उत्तरदायित्व के मद्देनजर विधानसभा को प्रदान की गई विधायी शक्तियों के दायरे से कतिपय विशिष्ट विषयों को बाहर रखा जाना था। समिति ने सिफारिश की कि लोक व्यवस्था और पुलिस विषयों को विधानसभा के दायरे से बाहर रखा जाए। समिति की रिपोर्ट में यह सिफारिश की गई कि संघ राज्य-क्षेत्र के प्रशासक को स्पष्ट रूप से मंत्रिपरिषद् की सहायता और सलाह पर अपने कर्तव्यों का निर्वहन करना आवश्यक होगा।

समिति ने नोट किया कि अभिव्यक्ति 'सहायता और सलाह' संविधान द्वारा अपनाई गई सरकार के कैबिनेट रूप पर आधारित एक कलात्मक शब्द है, हालाँकि सहायता और सलाह का सिद्धांत तीन संशोधनों के अधीन होगा—(i)

(निर्णय का मूल पाठ अंग्रेजी में)

यह उन मामलों के संबंध में लागू नहीं होगा, जहाँ प्रशासक न्यायिक या अर्ध-न्यायिक कार्यों को अंजाम देता है; (ii) प्रशासक उन मामलों के संबंध में मंत्रिपरिषद् की सहायता और सलाह पर कार्य करेगा, जिनके संबंध में विधानसभा के पास कानून बनाने की शक्ति है; और (iii) दिल्ली प्रशासन के विषय में किसी भी मामले पर प्रशासक और उसकी मंत्रिपरिषद् के बीच मतभेदों को सुलझाने के लिए एक विशेष प्रावधान किया जाएगा।

उच्चतम न्यायालय ने आगे यह अवलोकन किया—

इस प्रकार प्रारंभ करने के पश्चात्, अब हम इस विवाद को संक्षिप्त रूप से बताने के लिए आगे बढ़ेंगे, क्योंकि अपीलों के इस समूह, जो इस संविधान पीठ को संदर्भित किया गया है, से संबंधित इस मुद्दे पर हमें ध्यान दिलाने की आवश्यकता है, जो राष्ट्रीय राजधानी राज्य-क्षेत्र दिल्ली की विधानसभा को प्रदत्त शक्तियों तथा राष्ट्रीय राजधानी राज्य-क्षेत्र दिल्ली की निर्वाचित सरकार द्वारा कार्यपालिका शक्ति का प्रयोग किए जाने से अनिवार्य रूप से संबंधित है। इसमें शामिल तथ्यों और प्रत्येक व्यक्तिगत अपील में उठे विवाद में ज्यादा जाने की जरूरत नहीं है, क्योंकि हम केवल संवैधानिक मुद्दे का जवाब देना चाहते हैं।

अपीलार्थी की ओर से पेश हो रहे प्रबुद्ध अधिवक्ता और प्रबुद्ध अतिरिक्त सॉलिसिटर जनरल द्वारा संविधान के अनुच्छेद 239कक और संविधान के अन्य प्रावधानों का जिक्र किया गया है और हमें लगता है कि दिल्ली का संक्षिप्त इतिहास बताना उचित है।

संक्षिप्त संवैधानिक इतिहास

12.12.1911 को दिल्ली भारत की राजधानी बनी। दिल्ली तहसील और महरौली थाना पंजाब से पृथक् करके दिल्ली में जोड़े गए, जिसका प्रगुख एक आयुक्त को बनाया गया और इसे मुख्य आयुक्त के प्रांत के रूप में जाना जाने लगा। 1912 में, दिल्ली विधि अधिनियम, 1912 लाया गया, जो 01.10.1912 से लागू हुआ, जिससे पंजाब में प्रचलित कुछ कानून दिल्ली में लागू हो गए। दिल्ली विधि अधिनियम, 1915 ने मुख्य आयुक्त, दिल्ली को भारत के राजपत्र में उचित अधिसूचना जारी करके कानूनों के अनुप्रयोग के निर्धारण का अधिकार दे दिया।

भारत सरकार अधिनियम, 1919 और भारत सरकार अधिनियम, 1935 ने दिल्ली को केंद्र प्रशासित क्षेत्र के रूप में बनाए रखा। 26.01.1950 को भारत के संविधान के लागू होने पर दिल्ली एक भाग 'ग' राज्य बन गया। वर्ष 1951 में भाग 'ग' राज्य शासन अधिनियम, 1951 लागू हुआ, जिसमें अन्य बातों के साथ-साथ दिल्ली में एक विधानसभा का प्रावधान किया गया।

1951 अधिनियम के अनुच्छेद 21 (1) ने संविधान की सातवीं अनुसूची की सूची II के सभी मामलों पर कानून बनाने के लिए विधानसभा को सशक्त बनाया सिवाय (i) लोक व्यवस्था; (ii) पुलिस (रेलवे पुलिस सहित); (iii) नगर निगमों और स्थानीय प्राधिकरणों आदि, लोक उपयोगी प्राधिकरणों का गठन और उन्हें शक्तियाँ प्रदान करना; (iv) दिल्ली या नई दिल्ली में स्थित संघ के कब्जेवाले भूमि और भवन; (v) ऊपर (i) से (iv) तक उल्लिखित विषयों से संबंधित कानूनों के विरुद्ध अपराध; और (vi) उपर्युक्त विषयों के संबंध में न्यायालयों का अधिकार क्षेत्र और तत्संबंधी न्यायालय शुल्क।

राज्य पुनर्गठन अधिनियम, 1956 के प्रावधानों को लागू करने के लिए 19.10.1956 को भारत का संविधान (सातवाँ संशोधन) अधिनियम, 1956 पारित किया गया, जिसने भाग क, ख, ग और घ राज्यों के प्रावधान को समाप्त कर दिया तथा राज्य और संघ राज्य-क्षेत्र नामक केवल दो श्रेणियाँ रह गईं और दिल्ली राष्ट्रपति द्वारा नियुक्त प्रशासक द्वारा प्रशासित होनेवाला एक संघ राज्य-क्षेत्र बन गया। दिल्ली की विधानसभा और मंत्रिपरिषद् को समाप्त कर दिया गया। वर्ष 1953 में, संघ राज्य-क्षेत्र शासन अधिनियम, 1963 को विभिन्न संघ राज्य-क्षेत्रों के लिए विधानसभा और मंत्रिपरिषद् प्रदान करने के लिए अधिनियमित किया गया था, लेकिन उक्त अधिनियम के प्रावधान दिल्ली पर लागू नहीं किए गए थे। 56 निर्वाचित सदस्य और पाँच मनोनीत सदस्योंवाले मेट्रोपॉलिटन काउंसिल के माध्यम से दिल्ली को सीमित प्रतिनिधिक सरकार प्रदान करने के लिए दिल्ली प्रशासन अधिनियम, 1966 अधिनियमित किया गया था। उसी वर्ष, 20.08.1966 को गृह मंत्रालय ने एस.ओ. नं. 2524 जारी किया, जिसमें अन्य बातों के साथ यह प्रावधान किया गया कि उप-राज्यपाल/प्रशासक/मुख्य आयुक्त भारत के राष्ट्रपति के नियंत्रण के अधीन होंगे और जाँच आयोग अधिनियम, 1952 के तहत संघ राज्य-क्षेत्रों में इस तरह

की शक्तियों का प्रयोग और राज्य सरकार के कार्यों का निर्वहन करेंगे। वर्ष 1987 में दिल्ली को विशेष दर्जा दिए जाने के संबंध में अपनी सिफारिशें प्रस्तुत करने के लिए बालाकृष्णन समिति का गठन किया गया और उक्त समिति ने सिफारिश की कि दिल्ली को संघ राज्य-क्षेत्र बना रहना चाहिए, लेकिन साथ ही एक विधानसभा तथा उपयुक्त शक्तियों के साथ उक्त विधानसभा के लिए उत्तरदायी एक मंत्रिपरिषद् होनी चाहिए तथा क्षमता सुनिश्चित करने के लिए राष्ट्रीय राजधानी को विशेष दर्जा देने हेतु उचित संवैधानिक उपाय किए जाने चाहिए।

माननीय उच्चतम न्यायालय ने निम्नानुसार अपना निर्णय दर्ज किया

"हमारे पूर्वोक्त विश्लेषण के मद्देनजर, हम अपने निष्कर्षों को क्रमश: इस प्रकार रखते हैं—(i) संविधान के प्रावधानों की व्याख्या करते हुए, संवैधानिक न्यायालयों द्वारा अपनाया जानेवाला, जो सबसे सुरक्षित और सबसे ठोस दृष्टिकोण है, वह है संविधान के शब्दों को संविधान की भावना के प्रकाश में पढ़ना ताकि हमारे संविधान की सर्वोत्कृष्ट लोकतांत्रिक प्रकृति और नागरिकों की भागीदारी के माध्यम से प्रतिनिधिक भागीदारी के प्रतिमान पूर्णतया नष्ट न हों। न्यायालयों को ऐसी व्याख्या को अपनाना होगा, जो संविधान की लोकतांत्रिक भावना का महिमामंडन करती हो। (ii) एक लोकतांत्रिक गणराज्य में, लोग अपने विधि निर्माता प्रतिनिधियों को कानून बनाने और नीतियों को आकार देने के लिए निर्वाचित करते हैं, जो लोकप्रिय इच्छाशक्ति से परिलक्षित होते हैं। जनता के प्रति जवाबदेह निर्वाचित प्रतिनिधियों को सुलभता से उपलब्ध, मिलनसार होना चाहिए तथा पारदर्शी तरीके से कार्य करना चाहिए। इस प्रकार, निर्वाचित प्रतिनिधियों को प्रतिनिधिक शासन के मानक के रूप में संवैधानिक निष्पक्षता प्रदर्शित करनी चाहिए, जो न तो वैचारिक विखंडन को सहन करता है और न ही किसी भी यूटोपियन फैंटेसी को प्रोत्साहित करता है, बल्कि यह संवैधानिक विचारधाराओं पर जोर देता है। (iii) उचित रूप से समझी जानेवाली संवैधानिक नैतिकता का अर्थ है, वह नैतिकता, जिसमें संवैधानिक मानदंडों और संविधान के विवेक में निहित तत्त्व हों। प्रामाणिकता जुटाने के लिए किए जानेवाले किसी भी कार्य में संवैधानिक प्रयोजन के साथ सामंजस्य की क्षमता होनी चाहिए। हमारे संवैधानिक

दृष्टिकोण को प्राप्त करने के लिए यह अपरिहार्य है कि सभी नागरिक और उच्च अधिकारी विशेष रूप से संवैधानिक नैतिकता की भावना पैदा करें, जो कुछेक व्यक्तियों के हाथों में शक्ति के केंद्रीकरण के विचार को नकारता है। (iv) राज्य के तीनों अंगों को संविधान द्वारा उनमें किए गए विश्वास को कायम रखते हुए संविधान के प्रति सही रहना चाहिए। संवैधानिक पदाधिकारियों द्वारा लिये गए निर्णय और इस तरह के निर्णय जिस प्रक्रिया से लिये जाते हैं, उसमें मानक तर्क और क्षमता होनी चाहिए। इसलिए इस तरह के निर्णय संवैधानिक निष्पक्षता के सिद्धांतों के अनुरूप होने चाहिए और संविधान की भावना के तारतम्य में होने चाहिए। (v) सर्वोच्च उपकरण होने के नाते संविधान में संवैधानिक शासन की अवधारणा की परिकल्पना की गई है, जिसमें दोहरे अंगों के रूप में लोक-शक्ति की विश्वास संबंधी प्रकृति और जाँच और संतुलन की प्रणाली के सिद्धांत हैं। संवैधानिक शासन, परिणामस्वरूप अपेक्षित संवैधानिक निष्ठा को जन्म देता है, जिसे सभी संवैधानिक पदाधिकारियों द्वारा अपने आधिकारिक कर्तव्यों का पालन करते हुए प्रदर्शित किया जाना चाहिए। (vi) हमारी सरकार का स्वरूप एक संसद्यीय सरकार का स्वरूप है, जो मंत्रिमंडल के सामूहिक उत्तरदायित्व के सिद्धांत द्वारा निर्देशित होती है। किसी भी मंत्रालय में की गई प्रत्येक काररवाई के लिए मंत्रिमंडल का विधायिका के प्रति एक कर्तव्य होता है और प्रत्येक मंत्री मंत्रालय के प्रत्येक कार्य के लिए जिम्मेदार होता है। 'सहायता और सलाह' के संदर्भ में सामूहिक उत्तरदायित्व का यह सिद्धांत अत्यधिक महत्त्वपूर्ण है। यदि मंत्रिपरिषद् का एक सुविचारित वैध निर्णय उप-राज्यपाल के असहमत होने के रवैये के कारण लागू नहीं किया जाता है, तो सामूहिक जिम्मेदारी की अवधारणा निष्फल हो जाएगी। (vii) हमारा संविधान एक समतावादी सामाजिक व्यवस्था की स्थापना के लिए संघवाद और लोकतंत्र के एक सार्थक वाद्य-स्थान (ऑर्केस्ट्रा) की परिकल्पना करता है, जो एक समकालीन विविधता में एक शास्त्रीय एकता दरशाती है और अपनी पहचान खोए बिना संभावित सामंजस्य में एक बहुलवादी परिस्थिति है।

इन दोनों अवधारणाओं को पूर्ण रूप से लागू करने हेतु निष्ठापूर्वक ईमानदारी से प्रयास किया जाना चाहिए। (viii) संवैधानिक दृष्टिकोण केंद्र और राज्य

सरकार, दोनों को समान रूप से एक सर्वांगीण ढाँचे के उद्देश्य का संकेत देता है। इस प्रकार, संघ और राज्य सरकारों को किसी भी संवैधानिक कलह से बचने के लिए सामंजस्यपूर्ण सह-अस्तित्व और अन्योन्याश्रितता प्रदर्शित करके एक सहयोगी संघीय संरचना को अपनाना चाहिए। व्यावहारिक संघवाद को स्वीकार करना और संघीय संतुलन प्राप्त करना एक आवश्यकता बन गई है, जिसमें एक व्यावहारिक अभिविन्यास के प्रदर्शन के द्वारा संघ और राज्य सरकारों को अनुशासित विवेक की जरूरत होती है। (ix) संविधान ने एक संघीय संतुलन का अधिदेश दिया है, जिसमें राज्य सरकारों को एक निश्चित आवश्यक स्वतंत्रता का आश्वासन दिया गया है। केंद्रवाद के विपरीत, एक संतुलित संघीय संरचना यह अधिदेश देती है कि संघ सभी शक्तियों को अपने अधिकार में न ले सके और राज्य विशिष्ट रूप से अपने दायरे के भीतर आनेवाले विषयों के संबंध में केंद्र सरकार के किसी भी अवांछित हस्तक्षेप के बिना स्वतंत्रता से कार्य कर सकें। (x) संवैधानिक न्यायालयों द्वारा संवैधानिक प्रावधानों की व्याख्या करते समय उनके द्वारा प्रक्रिया और दृष्टिकोण अपनाए जाने के संबंध में प्राधिकारों की कोई कमी नहीं है। कुछ एक दृष्टिकोण की बजाय दूसरे दृष्टिकोण पर अधिक जोर देते हैं, जबकि कुछ इस बात पर जोर देते हैं कि एक विशिष्ट कार्यप्रणालीवाला एक मिश्रित संतुलन श्रेष्ठ उपकरण के रूप में काम करेगा। उक्त अवधारणा पर विविध विचारों के बावजूद, मुख्य रूप से यह ध्यान में रखा जाना चाहिए कि संविधान एक गतिशील और विषम साधन है, जिसकी व्याख्या के लिए कई कारकों पर विचार करने की आवश्यकता होती है, जिन्हें उचित महत्त्व दिया जाना चाहिए ताकि जिस उद्देश्य के साथ संविधान या संसद् के निर्माताओं द्वारा विभिन्न प्रावधानों को समाविष्ट किया गया था, उस उद्देश्य का एक सामंजस्यपूर्ण समाधान ढूँढ़ा जा सके। (xi) समसामयिक मुद्दों के प्रकाश में, उद्देश्यपूर्ण पद्धति शाब्दिक दृष्टिकोण से अधिक महत्त्वपूर्ण हो गई है और संविधान के वास्तविक और अंतिम उद्देश्य को न केवल शब्दशः, बल्कि पूर्ण भावना के साथ प्राप्त करने के दृष्टिकोण के साथ तथा विदग्धता और सृजनात्मकता के उपकरणों से लैस संवैधानिक न्यायालयों को एक व्यावहारिक दृष्टिकोण अपनाते हुए संवैधानिक कार्यात्मकता प्राप्त करने के इस अग्रणी कर्तव्य को निभाने से नहीं

कतराना चाहिए। यह एक तरह से, संविधान की कार्यात्मकता के लिए न्यायिक संवेदनशीलता की अभिव्यक्ति है, जिसे हम 'संवैधानिक व्यावहारिकता' कहते हैं।

संविधान की आत्मा और विवेक को व्याकरण में नहीं खोना चाहिए और लोगों की लोकप्रिय पसंद, जिसकी लोकतांत्रिक व्यवस्था में वैधता है, को सरल शब्दार्थ में अपना उद्देश्य खोने की अनुमति नहीं दी जा सकती है। (xii) नई दिल्ली नगरपालिका निगम (सुप्रा) मामले में नौ न्यायाधीशों की पीठ के निर्णय के आलोक में, दिन की दोपहर की ही तरह यह बिल्कुल स्पष्ट है कि **हमारी वर्तमान संवैधानिक व्यवस्था के अंतर्गत एन.सी.टी. दिल्ली को एक राज्य का दर्जा कल्पना में भी नहीं दिया जा सकता।** एन.सी.टी. दिल्ली की स्थिति विशिष्ट (sui generis) है, एक अलग वर्ग है और दिल्ली के उप-राज्यपाल का दर्जा किसी राज्य के राज्यपाल की तरह नहीं है, बल्कि सीमित अर्थ में, वह उप-राज्यपाल के पदनाम के साथ कार्य करनेवाला एक प्रशासक बना हुआ है। (xiii) सोलहवें संशोधन द्वारा अनुच्छेद 239कक के अंतर्वेशन के साथ, संसद् ने एन.सी.टी. दिल्ली के लिए सरकार के एक प्रतिनिधिक रूप की परिकल्पना की। उक्त प्रावधान राजधानी के लिए एक प्रत्यक्ष निर्वाचित ऐसी विधानसभा प्रदान करना नियत करता है, जिसके पास राज्य सूची और समवर्ती सूची के अंतर्गत आनेवाले विषयों (वर्जित विषयों के सिवाय) के संबंध में विधायी शक्तियाँ होंगी और उप-राज्यपाल के लिए यह अधिदेश देता है कि वह मंत्रिपरिषद् की सहायता और सलाह पर कार्य करेगा, सिवाय तब, जब वह किसी मामले को अंतिम निर्णय के लिए राष्ट्रपति को संदर्भित करने का निर्णय लेता है। (xiv) अनुच्छेद 239कक (3) (क) के व्याख्यात्मक विच्छेदन से पता चलता है कि संसद् के पास राष्ट्रीय राजधानी राज्य-क्षेत्र दिल्ली के लिए राज्य सूची और समवर्ती सूची में शामिल किसी भी विषय के संबंध में कानून बनाने की शक्ति है, साथ ही दिल्ली की विधानसभा के पास भी समवर्ती सूची में शामिल सभी विषयों तथा राज्य सूची में शामिल सभी विषयों, सिवाय तीन विषय, के संबंध में कानून बनाने की शक्ति है। (xv) अनुच्छेद 239कक के खंड (3)(क) और (4) के एक संयुक्त पठन से यह पता चलता है कि **एन.सी.टी.डी. सरकार की कार्यकारी शक्ति दिल्ली विधानसभा की विधायी शक्ति के साथ सुसंगत है** और तद्नुसार दिल्ली की

मंत्रिपरिषद् की कार्यकारी शक्ति समवर्ती सूची में शामिल सभी विषयों तथा राज्य सूची में शामिल सभी विषयों, सिवाय तीन विषय के संबंध में कानून बनाने तक है, हालाँकि यदि संसद् राज्य सूची या समवर्ती सूची में आनेवाले कुछ विषयों के संबंध में कानून बनाती है, तो राज्य की कार्यकारी काररवाई को संसद् द्वारा बनाए गए कानून के अनुरूप होना चाहिए। (xvi) एक प्राकृतिक उपसिद्धांत के रूप में, भारत संघ को राष्ट्रीय राजधानी राज्य-क्षेत्र दिल्ली के संदर्भ में, राज्य सूची में शामिल तीन विषयों के संबंध में विशेष कार्यकारी शक्ति प्राप्त है, जिस संबंध में दिल्ली विधानसभा की शक्ति को अलग रखा गया है।

अन्य विषयों के संबंध में कार्यकारी शक्ति का प्रयोग राष्ट्रीय राजधानी राज्य-क्षेत्र दिल्ली की सरकार द्वारा किया जाना है, हालाँकि यह संविधान के अनुच्छेद 239कक (4) के परंतुक के अधीन है। इस तरह की व्याख्या राष्ट्रीय राजधानी राज्य-क्षेत्र दिल्ली की सरकार को संविधान द्वारा अधिरोपित सीमाओं के अधीन कुछ आवश्यक स्वतंत्रता देकर व्यावहारिक संघवाद और संघीय संतुलन की अवधारणाओं के अनुरूप होगी। (xvii) अनुच्छेद 239कक (4) में नियोजित 'सहायता और सलाह' का अर्थ यह माना जाना है कि राष्ट्रीय राजधानी राज्य-क्षेत्र दिल्ली के उप-राज्यपाल मंत्रिपरिषद् की सहायता और सलाह से बाध्य हैं और यह स्थिति तब तक सही है, जब तक उप-राज्यपाल अनुच्छेद 239कक के खंड (4) के परंतुक के तहत अपनी शक्ति का प्रयोग नहीं करता है। उप-राज्यपाल को स्वतंत्र निर्णय लेने की कोई शक्ति नहीं सौंपी गई है। उसे या तो मंत्रिपरिषद् की सहायता और सलाह पर कार्य करना होगा या वह स्वयं द्वारा किए गए संदर्भ के सिलसिले में राष्ट्रपति द्वारा लिये गए निर्णय को लागू करने के लिए बाध्य है। (Xviii) अनुच्छेद 239कक के खंड (4) के परंतुक में नियोजित 'कोई विषय' का अर्थ 'सभी विषय' नहीं है। उक्त परंतुक के तहत उप-राज्यपाल की शक्ति अपवाद का प्रतिनिधित्व करती है, न कि सामान्य नियम का, जिसका प्रयोग उप-राज्यपाल द्वारा असाधारण परिस्थितियों में संवैधानिक विश्वास और नैतिकता के मानकों, सहयोगात्मक संघवाद और संवैधानिक संतुलन के सिद्धांत, संवैधानिक शासन और निष्पक्षता की अवधारणा और एक प्रतिनिधिक सरकार के सम्मान के लिए पोषित और संवर्धित विचार को ध्यान में रखते हुए किया

जाना है। उप-राज्यपाल को मंत्रिपरिषद् के प्रत्येक निर्णय को राष्ट्रपति के पास भेजने की मंशा से अपना विवेक इस्तेमाल किए बिना यांत्रिक तरीके से कार्य नहीं करना चाहिए। (xix) उप-राज्यपाल और मंत्रिपरिषद् के बीच मतभेद का ठोस औचित्य होना चाहिए और यहाँ किसी अवरोधक रूप का प्रदर्शन नहीं होना चाहिए, बल्कि सकारात्मक निर्माणवाद और गहन बुद्धिमत्ता और विवेकशीलता का दर्शन प्रतिबिंबित होना चाहिए। (xx) कार्य नियमों का संव्यवहार, 1993 उप-राज्यपाल और उनके मंत्रियों के बीच मतभेद की स्थिति में उप-राज्यपाल द्वारा पालन की जानेवाली प्रक्रिया को निर्धारित करता है।

उप-राज्यपाल और मंत्रिपरिषद् को किसी भी प्रकार के मतभेद को चर्चा और बातचीत के माध्यम से सुलझाने का प्रयास करना चाहिए। ऐसी प्रक्रिया पर विचार करते हुए, कार्य नियमों का संव्यवहार, 1993 का सुझाव है कि उप-राज्यपाल को अपने मंत्रियों के साथ सौहार्दपूर्ण तरीके से काम करना चाहिए और हर कार्य में उनका विरोध नहीं करना चाहिए। चर्चा द्वारा मैत्रीपूर्ण समाधान की आवश्यकता को विशेष रूप से शासन के प्रतिनिधिक रूप को बनाए रखने के लिए मान्य किया गया है, जैसा अनुच्छेद 239कक के अंतर्वेशन से अपेक्षित है। (xxi) अनुच्छेद 239कक और 239कख के अंतर्वेशन तथा दिल्ली राष्ट्रीय राजधानी राज्य-क्षेत्र शासन अधिनियम,1991 एवं कार्य नियमों का संव्यवहार, 1993 के प्रावधानों को एक साथ जोड़कर जो अवधारणा विकसित होती है, वह यह दरशाता है कि प्रशासनिक प्रमुख होने के नाते उप-राज्यपाल को मंत्रिपरिषद् द्वारा लिये गए सभी निर्णयों के बारे में सूचित किया जाएगा। उक्त नियमों में नियोजित शब्दावली 'उप-राज्यपाल को एक प्रति भेजें', 'उप-राज्यपाल को प्रेषित', 'उप-राज्यपाल को प्रस्तुत' और 'विषय उप-राज्यपाल को प्रस्तुत किया जाए' केवल इस संभावित निष्कर्ष तक ले जाती है कि मंत्रिपरिषद् के फैसलों की जानकारी उप-राज्यपाल को अवश्य दी जानी चाहिए, लेकिन इसका मतलब यह नहीं है कि इसमें उप-राज्यपाल की सहमति की आवश्यकता है। उक्त संप्रेषण अनिवार्य है, ताकि उप-राज्यपाल को अनुच्छेद 239कक (4) और उसके परंतुक के अंतर्गत प्रदान की गई शक्ति का प्रयोग करने में सक्षम रहने के लिए वह इनसे अवगत हो। (xxii) सत्ता में अधिकारियों को यह लगातार याद

रखना चाहिए कि वे संवैधानिक पदाधिकारी हैं और यह सुनिश्चित करना उनकी जिम्मेदारी है कि प्रशासन का मूल उद्देश्य नैतिक तरीके से लोगों का कल्याण है। चर्चा और विचार-विमर्श की आवश्यकता है। सूक्ष्म बारीकियों पर आपसी सम्मान के साथ विचार करना चाहिए। उनमें से किसी अधिकारी को यह महसूस नहीं होना चाहिए कि उन्हें बहुत अधिक महत्त्व मिला है। उन्हें यह महसूस करना चाहिए कि वे संवैधानिक मानदंडों, मूल्यों और अवधारणाओं की सेवा कर रहे हैं। (xxiii) संवैधानिक विचारों की पूर्ति करना, संविधान के प्रावधानों की भाषा द्वारा अस्वीकार्य किसी भी चीज को बहिष्कृत करना और संविधान की चेतना, भावना और मौन के प्रति श्रद्धा दिखाना संवैधानिक पुनर्जागरण है। यह याद रखना होगा कि हमारा संविधान एक रचनात्मक संविधान है। इसमें निरंकुशता के लिए कोई जगह नहीं है। अराजकता के लिए कोई स्थान नहीं है। हालाँकि एक अलग संदर्भ में, कभी-कभी यह तर्क दिया जाता है कि कोई व्यक्ति 'तर्कसंगत अराजकतावादी' हो सकता है, लेकिन संवैधानिक शासन और कानून के शासन के क्षेत्र में उक्त शब्द की कोई प्रविष्टि नहीं है। संवैधानिक पदाधिकारियों से अपनी संवैधानिक जिम्मेदारी को अपनाने और महत्त्वपूर्ण समकालीन दस्तावेज के दृष्टिकोण के लिए फिर से जागने की भावना के साथ संवैधानिक विवेक के प्रति सम्मान की पुकार की ईमानदारी से स्वीकृति के द्वारा संवैधानिक पुनर्जागरण की समझ की उम्मीद की जाती है ताकि संवैधानिक आदर्श सच्चे तरीके से फल-फूल सकें। उप-राज्यपाल और मुख्यमंत्री की अध्यक्षतावाली मंत्रिपरिषद् को इस आदर्शवाद के प्रति निरंतर सचेत रहना है।

भारत के मुख्य न्यायमूर्ति
—दीपक मिश्रा

न्यायमूर्ति
—ए.के. सीकरी

न्यायमूर्ति
—ए.एम. खानविलकर

नई दिल्ली
4 जुलाई, 2018

माननीय न्यायमूर्ति डी.वाई. चंद्रचूड़, माननीय न्यायमूर्ति अशोक भूषण ने आगे कहा—

अनुच्छेद 239कक के तहत राष्ट्रीय राजधानी राज्य-क्षेत्र के दर्जे का आकलन करते समय कुछ महत्त्वपूर्ण पहलुओं को ध्यान में रखा जाना चाहिए—

(i) अनुच्छेद 239कक संविधान के अनुच्छेद 368 के तहत संविधायी शक्ति के प्रयोग का एक परिणाम है। अनुच्छेद 239कक के द्वारा और इसके परिणामस्वरूप, राष्ट्रीय राजधानी राज्य-क्षेत्र दिल्ली के लिए विशेष प्रावधान किए गए हैं। ये प्रावधान किसी साधारण कानून के एक अधिनियम से उत्पन्न नहीं हुए हैं; (ii) राष्ट्रीय राजधानी राज्य-क्षेत्र दिल्ली के लिए, संविधायी शक्ति के प्रयोग से विधायिका और मंत्रिपरिषद् दोनों के लिए संवैधानिक रूप से एक दुस्संशोध्य दर्जा उत्पन्न हो गया है। विधानसभा प्रत्यक्ष चुनाव की प्रक्रिया द्वारा निर्वाचित होती है। विधानसभा के पास सातवीं अनुसूची की राज्य सूची में शामिल विषयों के संबंध में कानून बनाने की शक्ति है (प्रविष्टियाँ 1, 2 और 18 में अपवादित विषयों के सिवाय और प्रविष्टियाँ 64, 65 और 66, जहाँ तक उनका संबंध प्रविष्टियाँ 1, 2 और 18 से है)। फिर भी, जबकि विधानसभा को प्रदत्त विधायी शक्तियाँ राज्य सूची (अपवादवाली प्रविष्टियों के सिवाय) और समवर्ती सूची पर लागू होती हैं, संसद् को राज्य सूची और समवर्ती सूची, दोनों के अंतर्गत आनेवाले विषयों पर कानून बनाने का अधिकार प्रदान किया गया है।

संसद् के पास राष्ट्रीय राजधानी राज्य-क्षेत्र दिल्ली के लिए राज्य सूची और समवर्ती सूची, दोनों के अंतर्गत आनेवाले विषयों के संबंध में अधिभावी विधायी शक्तियाँ हैं; और (iii) अनुच्छेद 239कक (4) मंत्रिपरिषद् को संवैधानिक दर्जा प्रदान करता है और सरकार के कैबिनेट रूप में दुस्संशोध्य सिद्धांत को मूर्त रूप देता है कि राज्य का एक नाममात्र का मुखिया अपने मंत्रियों द्वारा प्रदान की गई सहायता और सलाह पर कार्य करता है, जिनकी विधायिका के प्रति सामूहिक जिम्मेदारी है। शासन की एक ऐसी संरचना की स्थापना के द्वारा, जिसमें प्रत्यक्ष चुनाव की प्रक्रिया के माध्यम से एक विधायिका निर्वाचित है और एक कार्यकारी अंग है, जो सामूहिक

रूप से विधायिका के प्रति उत्तरदायी होता है और जो अपने कार्यों के निर्वहन में उन विषयों के लिए उप-राज्यपाल को सहायता और सलाह देता है, जो विधायी शक्ति के साथ सह-व्यापक हैं, संविधान ने सरकार के कैबिनेट रूप के बुनियादी सिद्धांतों को शामिल किया है। अनुच्छेद 239कक की व्याख्या करते समय राष्ट्रीय राजधानी राज्य-क्षेत्र दिल्ली के संबंध में सरकार के कैबिनेट रूप की इन खास विशेषताओं को अपनाने पर भी अवश्य विचार किया जाना चाहिए, साथ ही संविधान राष्ट्रीय राजधानी राज्य-क्षेत्र दिल्ली के संबंध में कई ऐसी विशेषताओं को इंगित करता है, जिनके परिणामस्वरूप एक ऐसा संवैधानिक दर्जा प्रदान किया गया, जो पूर्ण राज्य के श्रृंगार से थोड़ा कम है। उनमें निम्नलिखित शामिल हैं—

(क) राष्ट्रीय राजधानी राज्य-क्षेत्र (एन.सी.टी.) की स्थिति भाग Viii के तहत निर्धारित है, जो संघ राज्य-क्षेत्रों पर लागू होता है। दिल्ली भाग आठ द्वारा शासित एक संघ राज्य-क्षेत्र है और ऐसा जारी रहेगा;

(ख) अनुच्छेद 239 (1) के तहत प्रत्येक संघ राज्य-क्षेत्र एक प्रशासक के माध्यम से राष्ट्रपति द्वारा शासित होता है। अनुच्छेद 239 (1) के तहत नियुक्त प्रशासक को राष्ट्रीय राजधानी राज्य-क्षेत्र दिल्ली के लिए अनुच्छेद 239कक (1) के तहत उप-राज्यपाल के रूप में अभिहित किया गया है। एन.सी.टी. के लिए उप-राज्यपाल नियुक्त करने की संवैधानिक शक्ति का स्रोत अनुच्छेद 239 है;

(ग) एन.सी.टी. के संबंध में अनुच्छेद 239 को लागू किए जाने से वर्जित नहीं करने की स्थिति को अनुच्छेद 239कख द्वारा स्पष्ट किया गया है। एक ऐसी स्थिति में, जिसमें राष्ट्रपति को अनुच्छेद 239कक के प्रावधानों को निलंबित करने का अधिकार प्राप्त है, जहाँ अनुच्छेद 239कक के अनुसार, या उस अनुच्छेद के अनुसरण में बनाए गए किसी भी कानून के अनुसार, एन.सी.टी. का प्रशासन नहीं किया जा सकता, वहाँ राज्य-क्षेत्र को प्रशासित करने के लिए राष्ट्रपति को अनुच्छेद 239 के साथ-साथ अनुच्छेद 239कक के अनुसार परिणामी प्रावधान बनाने का अधिकार प्राप्त है। इसलिए, अनुच्छेद 239 कक के प्रावधानों को अनुच्छेद 239(1) के विकल्प के रूप में नहीं पढ़ा जा सकता है;

(घ) किसी प्रशासक के माध्यम से कार्य करनेवाले राष्ट्रपति द्वारा एक संघ राज्य-क्षेत्र का प्रशासन प्रथमतः संसद्‌ीय कानून के अधीन होता है और द्वितीय, जिस सीमा तक वह उपयुक्त समझे, उस सीमा तक। इसलिए, एन.सी.टी. सहित किसी संघ राज्य-क्षेत्र के प्रशासन की प्रकृति इन दो प्रावधानों के अधीन होती है;

(ङ.) एन.सी.टी. की संवैधानिक स्थिति किसी राज्य की संवैधानिक स्थिति से विशिष्ट है और यह अनुच्छेद 239कख और अनुच्छेद 356 के बीच की विषमता में स्पष्ट की गई है। अनुच्छेद 356 के तहत शक्ति के प्रयोग की स्थिति में, राष्ट्रपति 'स्वयं को' राज्य सरकार के कार्य सौंप सकते हैं और यह घोषणा कर सकते हैं कि राज्य की विधायिका की शक्तियों का प्रयोग संसद् द्वारा या संसद् के प्राधिकार के अंतर्गत किया जाएगा। इसके विपरीत, अनुच्छेद 239कख राष्ट्रपति को अनुच्छेद 239कक या इसके तहत बनाए गए कानून के किसी भी प्रावधान के संचालन को निलंबित करने और उसके पश्चात्, एन.सी.टी. के प्रशासन के लिए अनुच्छेद 239 और 239कक के अनुसार परिणामी प्रावधान बनाने का अधिकार देता है और

(च) राष्ट्रपति, या अन्य स्थिति में, राज्यपाल को दी गई सहायता और सलाह के आबद्धकारी पहलू पर जोर देते हुए, उप-राज्यपाल के संबंध में संवैधानिक स्थिति काफी अलग होती है। भारत के राष्ट्रपति के संबंध में, अनुच्छेद 74(1) में मंत्रिपरिषद् द्वारा दी गई सहायता और सलाह के आबद्धकारी पहलू को निर्दिष्ट करते हुए स्पष्ट किया गया है कि राष्ट्रपति अपने कृत्यों का प्रयोग करने में ऐसी सलाह के अनुसार कार्य करेगा। राष्ट्रपति द्वारा मंत्रिपरिषद् को उनकी सलाह पर पुनर्विचार करने के लिए कहे जाने के बाद राष्ट्रपति ऐसे पुनर्विचार के पश्चात् दी गई सलाह पर कारवाई करने के लिए बाध्य होता है। इसी तरह राज्यों में राज्यपालों के मामले में, अनुच्छेद 163(1) 'राज्यपाल को अपने कृत्यों का प्रयोग करने में सहायता और सलाह देने के लिए' एक मंत्रिपरिषद् का प्रावधान करता है, सिवाय ऐसी स्थिति

के, जहाँ संविधान द्वारा राज्यपाल से अपने विवेकानुसार कार्य करना अपेक्षित है। अनुच्छेद 239कक(4) अपने मूल खंड में सहायता और सलाह के संवैधानिक सिद्धांत को समाविष्ट करता है, जो मंत्रिपरिषद् उप-राज्यपाल को उसके कृत्यों के प्रयोग के लिए देती है, लेकिन मंत्रिपरिषद् द्वारा दी गई सलाह के संबंध में अनुच्छेद 239कक(4) के परंतुक में एक विशेष प्रावधान शामिल किया है, जिसका अनुच्छेद 163 में कोई उपनिगमन नहीं है। जहाँ अनुच्छेद 163(1) के तहत, राज्यपाल से सहायता और सलाह पर कार्य किया जाना अपेक्षित है (उन विषयों को छोड़कर जिन्हें संविधान ने राज्यपाल के विवेक पर सौंप दिया है), वहीं अनुच्छेद 239कक(4) के परंतुक में एक ऐसी स्थिति पर विचार किया गया है, जहाँ उप-राज्यपाल को दी गई सहायता और सलाह के आबद्धकारी पहलू को 'किसी भी विषय···में मतभेद' की स्थिति में हटा दिया जाता है।

उस कार्य क्षेत्र के समाधान के लिए, जिसके भीतर उप-राज्यपाल अपने और एन.सी.टी. की मंत्रिपरिषद् के बीच के मतभेद को राष्ट्रपति को निर्देशित कर सकता है, एक तरफ यह आवश्यक होगा कि अनुच्छेद 233कक में अपनाए गए सरकार के कैबिनेट रूप के संवैधानिक सिद्धांतों को संतुलित किया जाए, जबकि दूसरी ओर, एन.सी.टी. की विशेष स्थिति को देखते हुए खंड 4 के परंतुक द्वारा सृजित विस्तार को खुला छोड़ दिया जाए। पूर्व विचार के लिए अदालत को एक प्रकार की व्याख्या को आगे बढ़ाने की आवश्यकता होगी, जो प्रतिनिधिक सरकार के मूल सिद्धांतों से अलग नहीं हो। लोकतंत्र एक निर्वाचित सरकार उन लोगों की आकांक्षाओं को दरशाती है, जो अपने प्रतिनिधियों को चुनने के लिए मतदान करते हैं। निर्वाचित प्रतिनिधि मतदाताओं के राजनीतिक इरादों को अभिव्यक्ति देने की जिम्मेदारी निभाते हैं। सरकार के लोकतांत्रिक रूप में, वास्तविक शक्ति का निर्वाह राज्य के निर्वाचित अंगों में होना चाहिए। सरकार के मंत्री जनता के चुने हुए प्रतिनिधि होते हैं। वे विधायिका के लिए अपनी सामूहिक जिम्मेदारी के माध्यम से लोगों के प्रति जवाबदेह होते हैं। एक सामूहिक इकाई के रूप में, मंत्रिपरिषद् विधायिका के प्रति जवाबदेह होती है। मंत्रिपरिषद् और राज्यों के नाममात्र के

प्रमुखों के बीच संबंध अति-पुरातन विचार द्वारा शासित है कि वास्तविक शक्ति और मौलिक जवाबदेही लोगों के चुने हुए प्रतिनिधियों में निहित है। एक संवैधानिक अर्थ में सहायता और सलाह के सिद्धांत का उद्‌देश्य उस प्रतिनिधिक सरकार और शासन के संवैधानिक मूल्य को मजबूत करना है, जो मतदाताओं के प्रति जवाबदेह और उत्तरदायी है। लोकतंत्र के इन मूलभूत संवैधानिक सिद्धांतों को ध्यान में रखते हुए, उपरोक्त तत्त्वों में से दूसरे तत्त्व के साथ एक संतुलन बनाना आवश्यक है, जो एन.सी.टी. की विशेष स्थिति को मान्यता देता है। एन.सी.टी. अपने राज्य-क्षेत्र के निवासियों की आकांक्षाओं का प्रतिनिधित्व करता है, लेकिन यह एक राजधानी शहर के रूप में अपने चरित्र में राष्ट्रीय शासन को अंतर्निहित करनेवाले राजनीतिक प्रतीकात्मकता को समाविष्ट करता है। एन.सी.टी. के शासन से संबंधित परिस्थितियों का राष्ट्र के सामूहिक कल्याण पर सीधा और तत्काल प्रभाव हो सकता है। एन.सी.टी. की विधायी शक्ति और आवश्यक रूप से कार्यकारी शक्ति से लोक व्यवस्था, पुलिस और भूमि विषयों को बाहर रखने का यही कारण है। इन विचारों के लिए दोनों सिद्धांतों के बीच एक सतर्क संतुलन की आवश्यकता होगी। दोनों सिद्धांतों में से प्रत्येक को एक ऐसा प्रतिफल देने में पर्याप्त महत्त्व दिया जाना चाहिए, जो भागीदारी लोकतंत्र के बुनियादी संवैधानिक मूल्यों को बढ़ावा देता हो तथा साथ ही राष्ट्र के सुरक्षित शासन में बुनियादी चिंताओं को संरक्षित करता हो।

समिति ने कहा कि अभिव्यक्ति 'सहायता और सलाह' संविधान द्वारा अपनाए गए सरकार के कैबिनेट रूप पर आधारित एक कौशलपूर्ण पद है, हालाँकि सहायता और सलाह का सिद्धांत तीन संशोधनों के अधीन होगा—(i) यह उन मामलों के संबंध में लागू नहीं होगा, जहाँ प्रशासक न्यायिक या अर्धन्यायिक कार्यों का प्रयोग करता है; (ii) प्रशासक उन विषयों के संबंध में सहायता और सलाह के अनुसार कार्य करेगा, जिनके संबंध में विधानसभा के पास कानून बनाने की शक्ति है; और (iii) दिल्ली के प्रशासन से संबंधित किसी भी विषय पर प्रशासक और उसकी मंत्रिपरिषद् के बीच के मतभेदों को सुलझाने के लिए एक विशेष प्रावधान किया जाएगा।

चूँकि एन.सी.टी.डी की विधानसभा निर्वाचित प्रतिनिधियों के विचारों का प्रतिनिधित्व करती है, उनकी राय और फैसलों का सभी मामलों में सम्मान करना

जरूरी होता है, सिवाय उन मामलों में, जिन्हें उप-राज्यपाल राष्ट्रपति को निर्देशित करने का निर्णय ले। उपखंड (4) के परंतुक में उप-राज्यपाल को दी गई शक्ति का नियमित रूप से प्रयोग नहीं किया जाना है, बल्कि इसका प्रयोग जायज कारणों के होने पर समुचित रूप से विचार करने के बाद उप-राज्यपाल द्वारा तब किया जाना है, जब संघ राज्य-क्षेत्र के हितों की रक्षा के लिए ऐसा करना आवश्यक हो जाता है। जीएन.सी.टी.डी के मंत्रिपरिषद्/मंत्रियों द्वारा लिये गए कार्यकारी निर्णयों के लिए, मंत्रियों एवं उप-राज्यपाल के निर्णयों के बीच मतभेद की स्थिति में उपखंड का परंतुक उप-राज्यपाल को पर्याप्त सुरक्षा प्रदान करता है तथा उप-राज्यपाल को वह विषय राष्ट्रपति को निर्देशित करने का अधिकार देता है, लेकिन संवैधानिक व्यवस्था यह सुझाव नहीं देती है कि मंत्रिपरिषद्/मंत्रियों के फैसलों में उप-राज्यपाल की सहमति की आवश्यकता है। 1991 अधिनियम और 1993 के नियमों में वर्णित यह व्यवस्था स्पष्ट रूप से इंगित करती है कि सभी प्रस्तावों, एजेंडों और लिये गए निर्णयों के बारे में उप-राज्यपाल को सूचित करना होगा। सभी निर्णयों की जानकारी उसे देने का उद्देश्य उसे दिल्ली के प्रशासन के साथ जोड़े रखना है। सभी निर्णयों का संप्रेषण इसलिए भी आवश्यक है ताकि वह इस जानकारी के आधार पर उप-खंड(4) के परंतुक के साथ-साथ 1991 अधिनियम और 1993 के नियमों के तहत स्वयं को उपबंधित शक्तियों का प्रयोग करने में सक्षम हो। इस संप्रेषण का उद्देश्य उप-राज्यपाल की सहमति प्राप्त करना नहीं है। उच्च पद धारण करनेवाले व्यक्तियों से यह अपेक्षा की जाती है कि वे अपने कर्तव्यों का ईमानदारी से निर्वहन करेंगे ताकि प्रशासन को सुचारु रूप से चलाया जा सके और सभी के अधिकारों की रक्षा की जा सके।

[पूरे निर्णय में माननीय उच्चतम न्यायालय ने केवल अनुच्छेद 239कक और एन.सी.टी. अधिनियम 1991 की संवैधानिक व्यवस्था और कार्य नियमों का संव्यवहार 1993 के संदर्भ में मंत्रिपरिषद् और प्रशासक के बीच सौहार्दपूर्ण संबंध की व्याख्या की है। आप (आम आदमी पार्टी) सरकार, जो उपलब्धि ले रही है, वह केवल राजनीतिक लाभ लेने के लिए है, क्योंकि यह निर्णय सरकार के संघीय ढाँचे में केवल संवैधानिक नैतिकता और विधायिका के महत्त्व की बात करता है।]

□

एस.के. शर्मा की अन्य प्रकाशित पुस्तकें

क्रम	शीर्षक	भूमिका/प्राक्कथन	विमोचन	प्रकाशन
1.	दिल्ली सरकार की शक्तियाँ और सीमाएँ (तथ्य और भ्रम)	डॉ. सुभाष कश्यप (पद्म भूषण) प्रख्यात संविधान विशेषज्ञ	श्री नजीब जंग, पूर्व उप-राज्यपाल, दिल्ली	प्रभात प्रकाशन, आसफ अली रोड, दिल्ली
2.	Policy & Governance of Delhi (Co-author Sh. Prushottam Goel, Ex-Speaker, Delhi)		Sh. Najeeb Jung, Former LG, Delhi	National Book Trust (Govt. of India)
3.	Inside Delhi Assembly	Dr. Yoganand Shastri (Former Speaker)	Smt. Sheila Dikshit (Former CM, Delhi)	Uppal Publishing House, Darya-Ganj, Delhi
4.	दिल्ली की राज्य व्यवस्था और शासन प्रणाली		Sh. Najeeb Jung, Former LG, Delhi	National Book Trust (Govt. of India)
5.	दिल्ली : विधायिका, सरकार और मतदाता		Smt. Sheila Dikshit (Former CM, Delhi)	जैनको आर्ट इंडिया, करोल बाग, दिल्ली
6.	Know Your Assembly	Smt. Sheila Dikshit (Former CM, Delhi) and Ch. Prem Singh, Ex-Speaker	Late Sh. P.M Sayeed, Former Dy. Speaker, Lok Sabha	दिल्ली विधानसभा सचिवालय
7.	अपनी विधानसभा को जानें	-do-	-do-	-do-
8.	Delhi Assembly Resolves	-do-	-do-	-do-
9.	दिल्ली सरकार के संसदीय सचिवों का सच	डॉ. सुभाष कश्यप संविधान विशेषज्ञ	डॉ. हर्षवर्धन स्वास्थ्य एवं प्रोद्योगिकी मंत्री भारत सरकार	प्रभात प्रकाशन, आसफ अली रोड, दिल्ली

□□□